MW01113905

Un mensaje a TU CORAZÓN

Devocionales que reafirmarán tu fe

CARMEN HERNÁNDEZ

Para otros materiales, visítanos en:
EditorialGuipil.com

Editorial Güipil

Editorial Güipil. Primera edición 2022
www.EditorialGuipil.com
ISBN: 978-1-953689-54-2

Categoría: Crecimiento Personal / Vida práctica / Inspiración

«La vida me ha enseñado que seguir adelante
sí es un paso de fe.» Carmen Hernández

«*Los que siembran con lágrimas
cosecharán con gritos de alegría.*»
Salmos 126: 5

Un mensaje a tu corazón

Dedicatoria

A Jesús. Tú llegaste a mi vida en el momento preciso para cambiarla, restaurarla y hacer de mí la mujer que soy hoy. Tu humanidad y amor me han enseñado que podemos ser transformados y guiados por Tu Palabra. Soy más que bendecida en tenerte como mi gran amigo fiel.

Un mensaje a tu corazón

Agradecimientos

A mi esposo, Néstor Vázquez, por unirse conmigo en este proyecto, sentarse junto a mí frente a la computadora y terminar siendo parte de mis pensamientos.

A Dios, por usar esto para hablar a nuestro corazón. Sus caminos sí son inescrutables.

A tantas pastoras y maestras de la Palabra de Dios, que a través de los años formaron parte de mi vida y me enseñaron a escudriñar las Escrituras, y que guiadas por el Espíritu Santo vieron en mí un gran potencial para crecer y desarrollar la pasión por la enseñanza de la Palabra de Dios. En especial a Jacqueline Tineo, fundadora de Radio Amor, por inspirarme a escribir reflexiones y de ahí yo transformarlas en este devocional. En nuestro Dios no hay casualidades sino propósitos que se cumplen.

A la Editorial Güipil y su fundadora Rebeca Segebre, por creer en mí y valorar mis escritos con respeto y tener la dedicación de guiarme hasta ver el resultado final. Los tiempos de Dios son perfectos.

Agradecimientos

Introducción

Cuando leas este devocional confío que aprenderás de las riquezas de la Palabra de Dios. La Biblia contiene todos los elementos que necesitamos para ser sanados, restaurados y ser perdonados. Aquí te llevo a un recorrido por 90 días y te invito a reflexionar en textos bíblicos especiales a mi corazón. En cada devocional te muestro cómo la sabiduría de la Palabra de Dios cambió mi vida y logró que mi corazón cambiara para vivir la vida tranquila confiando en Sus promesas y recibir cada día la guía del Espíritu Santo.

Espero que puedas reflejarte estas páginas, en cada pensamiento basado en mis experiencias vividas con Dios mismo y en lo práctico de mi diario vivir. En este devocional encontrarás pensamientos y revelación que yo misma recibí. Cada pensamiento es un mensaje positivo, lleno de fe y refleja el amor que nuestro Dios nos brinda; y nos lleva a reconocer que Él opera cambios extraordinarios en nuestra vida. Es mi deseo que cada palabra sea de edificación y confirme lo que necesitas para seguir tu caminar y crecimiento en Dios, y veas cómo la vida nos sorprende y aprendemos de ella. He orado que al leer este devocional te sientas más cerca de Dios y conozcas de Su amor y misericordia.

Mi Reflexión

Día 1
BENDICIONES DE DIOS

«El Señor bendecirá tus graneros, y todo el trabajo de tus manos.
El Señor tu Dios te bendecirá en la tierra que te ha dado.»
Deuteronomio 28:8 (NVI)

Nuestro Dios ya sabía los tiempos que cada uno de nosotros viviríamos, pues nada se escapa de Sus manos. Dios nos puso en este mundo en la temporada correcta.

Recuerdo que mientras muchos estábamos trabajando y todo iba bien, la rutina de la vida continuaba y veíamos con expectativa positiva el año 2020; pero, de repente, llegó la pandemia del COVID-19, y en esa temporada muchos expresaron sus temores de perder sus trabajos, no poder sustentar a sus familias, la frustración de estar encerrados y aun el temor de morirse. Pero aquellos que conocemos la Palabra de Dios, con fe nos aferramos al conocimiento de que nuestro Dios demostraría —como dice Su Palabra— Su bendición a Su pueblo. Es por esto que hoy te invito a creer que lo que has trabajado con sacrificio no lo perderías. No hay duda de que siempre la bendición será más grande pues habrá más abundancia. Si leemos el pasaje completo de Deuteronomio 28:1–14, vemos que Dios nos dice claramente que la bendición va de la mano con la obediencia.

¡Tranquilo! Tu tierra, la cual es la que pisas hoy, comenzará a dar frutos en abundancia. Amén.

Mi Reflexión

Día 2
ÉL PROVEERÁ

«Abraham alzó la vista y, en un matorral, vio un carnero enredado por los cuernos. Fue entonces, tomó el carnero y lo ofreció como holocausto, en lugar de su hijo. A ese sitio Abraham le puso por nombre: "El Señor provee". Por eso hasta el día de hoy se dice: "En un monte provee el Señor".» Génesis 22:13-14

La palabra *Jireh* se deriva del hebreo que significa 'el proveedor', también se podría traducir como 'El Señor que ve', 'el Señor que se encarga', 'el Señor que tiene repuestas', 'el Señor visible' y 'el Señor presente'. Los atributos de Dios se hacen presente cuando necesitamos provisión. A Abraham se le presentó en el momento preciso un carnero antes de que el sacrificara a su hijo; entonces ¿por qué te preocupas? Dios ve tu necesidad.

Cuando tu fe se hace más grande de lo que necesitas para el momento adecuado en que Dios va a intervenir. La promesa se cumplió en Abraham y se cumplirá la provisión en ti justo antes de perder la esperanza. Deléitate en Jehová y Él te concederá las suplicas de tu corazón (Salmos 37:4). Amén.

Mi Reflexión

Día 3
LOS CLAVOS

«Lo adornan con oro y plata, y lo afirman con clavos y martillo
para que no se tambalee.» Jeremías 10:4

Cuando Jesús se le apareció a Tomas como lo leemos en Juan 20:25, a mi entender el pidió mucho más que los otros discípulos para confirmar que el estaba vivo entre ellos, tocar esas marcas de los clavos y costado, represento volver a la esperanza, pues había tristeza al saber que había perdido a su gran amigo. Tal cual nosotros hoy en día debemos recordar y palpar espiritualmente esas marcas de tres clavos que nos dieron el significado de su gran sacrificio y hoy gozamos de una vida nueva en Él.

Hay tres clavos que traspasaron dos manos y dos pies para la redención del mundo entero. No hay clavos con tan grande significado como los de la cruz. Por el primer clavo estamos libres de toda culpa; canceló nuestra culpabilidad del pecado y ahora somos nueva criaturas. Con el segundo clavo, todo argumento fue cancelado. El tercer clavo nos dio la victoria sobre la opresión. ¡Esos clavos son el sacrificio más grande que nos liberó del pecado! Que Dios no saque esos clavos para que recordemos que sin Él no somos nada, que Su sacrificio no fue en vano, que hubo propósito para cambiar a nuestros corazones. Amén.

Mi Reflexión

Día 4
CUÁL ES TU ENFOQUE

«Hace mucho tiempo se me apareció el Señor y me dijo:
"Con amor eterno te he amado; por eso te sigo con fidelidad."»
Jeremías 31-3

Cuando pienso en el amor puedo entender que es maravilloso, sentirlo y expresarlo. Que el corazón se regocija solo con escuchar la palabra amor. Hay un cambio de actitud, hay alegría. Cuán difícil es cuando el amor humano te ha decepcionado, te ha hecho llorar y te ha pesado como una roca en el alma. Pero el amor de Dios no termina, es eterno, no hay amor tan inmenso que el amor del Padre. Tres años y medio que Jesús dejo de ser rey (Filipenses 2:7), se despojó a sí mismo y tomó forma de siervo para sentir tu dolor. Enfoquémonos más en este amor. No serás decepcionado, Su amor no termina, lo tenemos, lo sentimos y es efectivo. Amén.

Mi Reflexión

Día 5

ACERCAMIENTO A DIOS

«Presten atención y vengan a mí, escúchenme y vivirán.
Haré con ustedes un pacto eterno,
conforme a mi constante amor por David.»
Isaías 55: 3

Cuando hablamos de un pacto hablamos de un acuerdo entre dos o más personas; es un compromiso, es fiel y se cumplirá. El pacto de Dios es incondicional, pero requiere fidelidad de tu parte. Acércate a Dios y vivirás una vida plena, una vida en la cual no tendrás de qué arrepentirte. El pacto de Dios es eterno.

Quizá en este tiempo Dios te está llamando a un pacto que no soltarás. Te está llamando a acercarte más y más a Él; es un pacto de protección y fe. Acércate a Dios y vivirás para contar Sus maravillas, Su protección, Su provisión y cómo cambiará tu lamento en baile. Amén.

Mi Reflexión

Día 6
LA CENA QUE CONECTÓ

«El primer día de la fiesta de los Panes sin levadura, se acercaron los discípulos a Jesús y le preguntaron: —¿Dónde quieres que hagamos los preparativos para que comas la Pascua?»
Mateo 26: 17

La última cena fue un momento crucial en la vida de nuestro Jesús. Él sabía que su tiempo se acercaba, y no podía más que cenar con sus discípulos, con sus amigos, con aquellos que caminaron con Él, quienes fueron enseñados y se convirtieron en su mano derecha.

Una cena en la mesa es un lugar donde se puede conversar, meditar y quizá llorar para resolver el conflicto. También une y desata los sentimientos más honorables. Preparara tu cena, haz un llamado a la pascua de tu corazón. Conéctate y la conexión será eterna. Llegó el momento, y es este, tu casa ya está preparada. Amén.

Mi Reflexión

Día 7

CÓMO ESTÁN TUS PENSAMIENTOS

«Por lo demás hermanos todo lo que es verdadero,
todo lo honesto, todo lo justo todo lo puro, todo lo amable,
todo lo que es de buen nombre si hay virtud alguna si algo digno de
alabanza en esto pensar.» Filipenses 4:8

En estos momentos vividos y que todos tuvimos que enfrentar al estar aislados, nuestros pensamientos fueron probados. La confusión fue la orden del día. Dios nos dice en Su Palabra que luchemos para renovar nuestros pensamientos para que tengamos una vida victoriosa y llena de paz. Es importante que en cualquier situación que tengamos nuestros pensamientos sean claros y sinceros para poder salir airosos. ¿Sabías que el enemigo usa nuestra mente para acumular pensamientos negativos y así desviarnos de la verdad de Dios? La pureza de la Palabra de Dios obrará milagros en nuestro corazón, nuestros pensamientos serán amables, justos, honestos son la alabanza que glorificará a nuestro Dios en nuestra propia vida. El apóstol Pablo lo dijo muy claro: nuestras virtudes se reflejarán en nuestra conducta ante todos los que nos conocen.

Dios te dice: «Corrige tus pensamientos y yo me encargo de que el Espíritu Santo hable a tu corazón». Saca un tiempo para meditar si tus pensamientos están trabajando de acuerdo con tu fe para vivir en armonía con Dios y aquellos a quien más amas. Alimenta tu vida con la Palabra de Dios: el mejor alimento que encontrarás.

Mi Reflexión

Día 8
BENEFICIOS DE DIOS

«Alaba, alma mía, al Señor; alabe todo mi ser su santo nombre.
Alaba, alma mía, al Señor, y no olvides ninguno de sus beneficios.»
Salmos 103:1-2

Cuando escucho una alabanza que toca mi corazón siempre medito en el mensaje pues eso es lo que estoy buscando para llenar mi corazón; y siempre encuentro un hermoso beneficio. Todos queremos obtener beneficios de algo porque lo hemos trabajado o porque lo merecemos. Muy fácil nos olvidamos de todo lo que Él nos ha dado, a veces somos malagradecidos; pero Su amor siempre está de nuestro lado. ¿Qué tal si recordamos los beneficios de Dios?, esos sí son verdaderos ni cambian. Mientras esperas, Él te pide algo: alaba Su santo nombre y no olvides sus grandes beneficios, los cuales son innumerables, búscalos, Él está esperando que se los pidas.

Mi Reflexión

Día 9

ENCONTRARÁS FE EN DIOS

«Jesús les contó a sus discípulos una parábola para mostrarles que debían orar siempre, sin desanimarse. Les dijo: «Había en cierto pueblo un juez que no tenía temor de Dios ni consideración de nadie. En el mismo pueblo había una viuda que insistía en pedirle: "Hágame usted justicia contra mi adversario". Durante algún tiempo él se negó, pero por fin concluyó: "Aunque no temo a Dios ni tengo consideración de nadie, como esta viuda no deja de molestarme, voy a tener que hacerle justicia, no sea que con sus visitas me haga la vida imposible"». Continuó el Señor: «Tengan en cuenta lo que dijo el juez injusto. ¿Acaso Dios no hará justicia a sus escogidos, que claman a él día y noche? ¿Se tardará mucho en responderles? Les digo que sí les hará justicia, y sin demora. No obstante, cuando venga el Hijo del hombre, ¿encontrará fe en la tierra?» Lucas 18: 1-8

Cuando Jesús hablaba en parábola intencionalmente hablaba a sus doce discípulos para que entendieran el mensaje que les iba a dar, basado en el tiempo que se estaba viviendo. En esta parábola, una viuda pedía justicia a un juez injusto. Tanta fue su insistencia que el juez le concedió lo que ella pedía. Es importante que en este mensaje comprendamos que la insistencia a Dios en nuestras peticiones es importante pues Él quiere descubrir la gran fe que tenemos. La fe mueve la mano de Dios, tú también recibirás si insistes cuando oras, y serás aquel que Dios encuentre con fe en la tierra. Te llamará y posicionará en un gran lugar privilegiado. Amén.

Mi Reflexión

Día 10
MANOS A LA OBRA

« Pues ahora, ¡ánimo, Zorobabel! —afirma el Señor—.
¡Ánimo, Josué hijo de Josadac! ¡Tú eres el sumo sacerdote!
¡Ánimo, pueblo de esta tierra! —afirma el Señor—.
¡Manos a la obra, que yo estoy con ustedes!
—afirma el Señor Todopoderoso—.»
Hageo 2:4

Era un tiempo decisivo para el pueblo de Israel. Tenían un templo arruinado y destruido; y el profeta Hageo animó al pueblo a reconstruir el templo, fue un desafío para volver a examinar sus formas de vida y a retomar prioridades. Hoy día también nos pasa estamos tan ocupados en nuestros asuntos que nos olvidamos que nuestra casa espiritual se derrumba pues necesita de cuidados. Que Dios nos está llamando a reconstruir nuestra fe, nuestro ánimo y nuestro pacto con Él. Escucha, vuelve de nuevo al lugar de tus comienzos y recibirás bendiciones. Manos a la obra Él te dará todo lo que necesitas para tener la bendición; la gloria de Dios será mayor que la primera.

Mi Reflexión

Día 11

ALMA ABATIDA

«¿Por qué voy a inquietarme? ¿Por qué me voy a angustiar?
En Dios pondré mi esperanza y todavía lo alabaré.
¡Él es mi Salvador y mi Dios!»
Salmos 42:5

El alma se entristece por circunstancias que cambian la vida. David lo sintió al estar lejos del templo de Dios y sus enemigos lo vieron como un castigo de Dios. Es allí cuando la palabra de Dios le llevó a conectarse de nuevo con la verdad de Sus promesas. El salmista David lo sintió en los momentos difíciles, y no solo le escribió al alma, sino que le habló: «Depresión, no vuelvas; cálmate, alma, pues volverás y esto terminará. No te turbes, no te inquietes, alma mía, y una alabanza de lo más profundo resurgirá del corazón para seguir caminando de la mano de Dios».

Puedo confirmar por mi propia experiencia que se puede volver a esa conexión con Dios y la fe para comprender la situación con una alabanza de agradecimiento de paz y fe. Gracias, Dios, porque todavía pude alabarle con todo el corazón.

Mi Reflexión

Día 12
TU ACEITE

«Dispones ante mí un banquete en presencia de mis enemigos.
Has ungido con perfume mi cabeza; has llenado mi copa a
rebosar.» Salmos 23:5

En los tiempos bíblicos, cuando el pastor cuidaba de sus ovejas hacía algo muy importante cuando esa oveja se encontraba herida: la curaba con aceite o perfume para no se infecte por las moscas que se posaban sobre ellas. Realmente era un proceso muy especial. Ese cuidado requería tiempo pero valía la pena.

De la misma manera, nuestro Dios pone aceite perfumado sobre nosotros para que el enemigo que siempre nos persigue, lo vea y se convenza de que estamos ungidos por el aceite del Espíritu Santo de Dios. El aceite o perfume —símbolo del Espíritu Santo— es el que sanará tu alma y reconfortará tu corazón. Se llenará de alegría al recibir ese aceite fresco, y él estará contigo siempre. Tus pensamientos serán claros y positivos. Hay un banquete en una gran mesa donde nuestro Dios está esperando bañarte en ese perfume especial. Tan pronto el enemigo vea la unción que tienes, huirá de ti y no habrá nada ni nadie que destruya ese llamado poderoso en tu vida.

Mi Reflexión

Día 13

QUÉ SACARÍAS
DE LA SITUACIÓN DIFÍCIL

*«Ahora bien, sabemos que Dios dispone todas las cosas para el bien
de quienes lo aman, los que han sido llamados de acuerdo
con su propósito.» Romanos 8:28*

Situaciones difíciles tenemos todos los días lo importante es si realmente aprendemos de ello o nos quedamos en la misma situación. Nuestro Dios tiene una gran disposición de ayudarnos en esos problemas; pero todo será hecho de acuerdo con nuestra fe. Hay un ejemplo de la mujer del flujo de sangre (Lucas 8:43-48), ella estuvo enferma por doce largos años. Quizá gastó una fortuna en médicos pues quería ser sanada. Pero su vida cambió al acercarse al Maestro; escuchó hablar de Él y aprovechó la oportunidad de acercarse, sin importar lo complicado que había, pues era demasiada la gente a su alrededor, y ella estaba débil y enferma; pero logró llegar a Él y tocar su manto. Encontró su sanidad completa; postrada, fue reconocida por Jesús, y delante de todos, Él habló de su fe. ¿Qué sacas de la situación que vives? La promesa es que toda obra para bien para aquellos que vivimos conforme a Su voluntad.

Haz una lista de todo lo que Él ha hecho por ti, es una manera de recordarte todo lo que has aprendido con Él.

Mi Reflexión

Día 14

HABRÁ LLEGADO MI TIEMPO

«Todo tiene su momento oportuno; hay un tiempo para todo lo que se hace bajo el cielo un tiempo para nacer y un tiempo para morir.»
Eclesiastés 3:1-2a

Esta palabra dice algo muy clave: que todo tiene su tiempo oportuno. Cuando hablamos de oportuno significa momentos que suceden favorablemente y producen el efecto deseado. Está escrito que nacimos para morir, y solo Dios sabe cuándo nos llamará a Su presencia y descanso. Para aquellos que somos cristianos, si Dios nos llama a Su presencia es porque es el momento oportuno ordenado por Él.

Hay una promesa que quiero recordarte que nos habla en Juan 11:25-27, y dice que Jesús es la resurrección y la vida y el que cree en Él, vivirá aunque muera; y todo el que vive y cree en Él no morirá jamás. ¿Crees esto? Vivamos tranquilos, los tiempos están en Sus manos y nuestro tiempo de vida también; solo pregúntate: «¿Estoy preparado?» Mi deseo es que así sea para que algún día puedas estar en Su presencia. Sus tiempos no son los nuestros.

Mi Reflexión

$\mathcal{D}$ía 15
LA FE TIENE QUE HABLAR

«Por la fe entendemos que el universo fue formado por la palabra
de Dios de modo que lo visible no provino de lo que se ve.»
Hebreos 11:3

¿Sabes que las mujeres hablamos 20,000 palabras al día? Hablamos mucho más que los hombres, pues ellos hablan 13,000 palabras. Nuestras palabras tienen que hablar de la fe. ¡Qué importante es reconocer que tenemos que dar un mensaje de fe! En Génesis 20:8 nos dice claramente que Dios le dijo a Moisés que le hablara a la roca pues de allí brotaría agua; quería demostrarle al pueblo de Israel una vez más su cuidado hacia ellos. En la difícil situación que se encontraba Moisés y su gran cansancio de tantas quejas, golpeó la piedra y perdió la gran bendición de entrar a la tierra prometida.

Tus palabras tienen que llevar esperanza, sanidad, alegría, valor, restauración a todo aquel que te encuentres en tu camino. Golpear con palabras no tiene el mismo efecto que aquellas que se hablan con fe. Escucha la voz de Dios diariamente para que seas efectivo en el mensaje que quieras llevar. Cuando tu fe habla, Dios envía el mensaje poderoso de Su amor hacia los tuyos, hacia tu iglesia y hacia toda alma necesitada. Hoy te digo: habla y no calles, tus palabras de fe las están esperando muchos.

Mi Reflexión

Día 16
UN CORAZÓN FIRME

«Firme está, oh Dios, mi corazón; firme está mi corazón.
Voy a cantarte salmos.» Salmos 57:7

David estaba en los momentos más difíciles de su vida pues se encontraba escondido en una cueva huyendo del rey Saúl. Él mismo no comprendía cómo al hombre a quien respetaba ahora lo perseguía para matarle. Una cueva no es un sitio favorable, es obscura, húmeda y más cuando estás huyendo de algo o de alguien y sientes miedo de morir. Es de admirar a David que en ese preciso momento de angustia cantara salmos con la firmeza de su corazón, reconociendo al Dios que siempre lo cuidó. La firmeza en el corazón implica la determinación para entender que tendremos la victoria y la respuesta de Dios siempre, aun en aquellos problemas que parecen imposibles. Como adoradora del Señor nunca faltó en mi vida —como a David— un cántico nuevo en mi corazón. Siempre encontré una canción que me diera la respuesta espiritual y sanidad para continuar confiando en Dios. Un corazón firme no se rinde en esperar con paciencia la promesa de Dios. En este salmo, David no lo dice una vez, sino dos para reafirmar su confianza en Dios. Cuando estamos firmes en lo que queremos y no estamos indecisos, veremos la mano de Dios obrando; y diremos lo maravilloso y grande que es Él. Tienes la Palabra de Dios en tu vida, léela detenidamente y te convencerás del poder que tiene y que no hay mentira en ella. Levanta hoy las manos al cielo y entona una alabanza que se escuche en el cielo.

Mi Reflexión

Día 17

Y VENDRÁ LA LLUVIA

«Entonces él enviará la lluvia oportuna sobre su tierra, en otoño y en primavera, para que obtengan el trigo, el vino y el aceite.»
Deuteronomio 11:14

Las temporadas de lluvia son cálidas y hermosas, aunque los días son nublados. La tierra necesita esa agua del cielo que refresque las cosechas. Hay una lluvia que es necesaria en toda temporada de nuestras vidas. Esto me hace pensar que, aunque el día esté soleado necesitamos la lluvia del Espíritu Santo que refresque nuestra alma. Creo que nuestro Dios nos envía la lluvia en el tiempo preciso que la necesitamos para entender que Él se preocupa por nuestros tiempos de sequedad espiritual, para llenarnos nuevamente con su presencia.

La lluvia temprana es aquella que llega para solucionar de inmediato una situación difícil. La lluvia tardía llegará cuando Dios lo decida para que no nos olvidemos de Él, pues Él conoce lo que nos conviene. Las dos tienen importancia pues harán el trabajo deseado; el Espíritu Santo nos hará reflexionar en lo que Él está cambiando para nuestro bien. Hoy más que nunca necesitamos las dos lluvias que llenen nuestro ser para recoger la cosecha de abundancia que nos espera. No solo será en frutos para nuestra mesa, sino que será en el poder del Espíritu Santo sobre nuestra vida, casa, familia, futuro y nuestro llamado.

Mi Reflexión

Día 18

TIEMPO Y OCASIÓN

«Me fijé que en esta vida la carrera no la ganan los más veloces, ni ganan la batalla los más valientes; que tampoco los sabios tienen qué comer, ni los inteligentes abundan en dinero, ni los instruidos gozan de simpatía, sino que a todos les llegan buenos y malos tiempos.» Eclesiastés 9:11

No es sorprendente la sabiduría de Salomón al expresar esta verdad. Esta verdad implica la fragilidad del ser humano en todo lo que hacemos, sin importar si lo logramos o no. Todos hemos fracasado en algo que queríamos lograr y hemos tenido que levantarnos y comenzar de nuevo para seguir adelante. Jamás llegaremos a la altura de lo que queremos, ¿sabes por qué? Porque todo es cuestión de tiempo, de ocasión y de dónde estamos parados. Creo que Dios quiere que estés en el sitio adecuado. Él nos está llamando a no perdernos la oportunidad en el tiempo en que vivimos. Recordemos que pase lo que pase y lo que hayamos logrado, necesitamos la sabiduría que Dios tiene para cada uno de nosotros. Todo será en el tiempo oportuno coordinado por Dios. No te apresures, ten calma y espera en Él.

Mi Reflexión

Día 19

ATALAYA

*«Cuando el centinela se lo anunció al rey, este comentó:
—Si viene solo, debe de traer buenas noticias.»*
2 Samuel 18:25

El rey David esperaba buenas noticias de aquel atalaya o centinela que se acercaba. El atalaya debía de traer buenas noticias, pero también podían ser malas. Pero cuál fue su sorpresa cuando vio a otro detrás de él, y no se imaginaba la noticia que recibiría. La primera fue muy buena: fue librado de sus enemigos; pero la segunda fue la peor: su hijo Absalón había muerto. No todas las historias tienen un final feliz.

Pareciera que hoy en día no queremos ser portadores de malas noticias. Dios nos ha puesto como centinelas para vigilar a nuestro alrededor, porque tarde o temprano seremos llamados a dar una noticia. Qué hermoso sería dar buenas noticias todo el tiempo; pero las malas llegarán. Sé un vigilante guiado por el Espíritu Santo de Dios para dar nuevas de salvación. Prepárate, pues Dios te pondrá como vigilante sobre tu casa, tu familia, tus hijos y tus amigos para bendecirles; y si fuera difícil traer una mala noticia, créeme que Su favor, Su presencia irán contigo de la mano. ¡Aplausos para los centinelas o atalayas que Dios está llamando para estos tiempos!

Mi Reflexión

Día 20
QUÉ SERÍA YO SIN DIOS

«Cuídame, oh Dios, porque en ti busco refugio. Yo le he dicho al
Señor: "Mi Señor eres tú. Fuera de ti, no poseo bien alguno".»
Salmos 16:1-2

Mientras esperaba que abrieran una tienda, en los tiempos de pandemia, hablé con una mujer musulmana. Ella tenía su rostro cubierto, como es de costumbre para ellas; en nuestra conversación ella expresó que era de Moroco, cerca de España. Cuando yo le dije que era de Puerto Rico, me indico que en su país le gustan muchos los extranjeros; y le respondí que ojalá pudiera visitarlos algún día. En la conversación hablamos sobre la pandemia, y me dijo que ella no sería nada sin su Dios. ¡Qué gran verdad!, en ese momento pensé no se trata de religión, sino que hablamos del mismo Dios; y aunque el de ella lo llamen diferente, sigue siendo Dios. Estamos en los tiempos en que la vida y el ser humano ha cambiado hoy más que nunca. No desperdicies la oportunidad de hablar de un Dios que te ha dado tanto, que te ha cuidado, que te ha levantado y que te ha demostrado que todavía está en control de la humanidad y del mundo entero. Esta palabra te recordará que sin Dios no seríamos nada. Como dijo David en este Salmo, no poseo nada de bien si a Él no lo tuviera. Gózate en el Dios de tu salvación y agradece que Él está en tu vida.

Mi Reflexión

Día 21

Y SEGUIMOS HABLANDO

«Sean, pues, aceptables ante ti mis palabras y mis pensamientos, oh Señor, roca mía y redentor mío.» Salmos 19:14

Hablamos tanto y tanto que en momentos no pensamos lo que decimos. Cuando hablamos sin pensar podemos hasta ofender a nuestro Dios. En Mateo 16:21-23 encontramos cuando Jesús predice su muerte y todo lo que tendría que sufrir; entonces Pedro, uno de sus discípulos, empezó a decirle su propio sentir y pensamiento:

—No, Señor, esto no te sucederá jamás.

Jesús de inmediato reconoció de dónde venían estas palabras y le reprendió:

—Aléjate de mí, Satanás.

Satanás es el padre de la mentira, hará todo lo posible de que tu hablar sea negativo, insensible y lleno de amargura. No hay duda de que tu palabra cambiará a la vez que cambies tus pensamientos, y estos sean agradables no solo a Dios sino a todos los que te rodean. De ahora en adelante te exhorto que medites en tus pensamientos, que pongas un alto antes de expresar lo que quieras hablar y comunicar a los demás. Que tu palabra sea llena de sabiduría, de amor y fe. Créeme que Dios aceptará tus palabras y también serás favorable hacia los demás.

Mi Reflexión

Día 22

MI DIOS LEVANTA MI CABEZA

«Pero tú, Señor, me rodeas cual escudo; tú eres mi gloria;
¡tú mantienes en alto mi cabeza!» Salmos 3:3

Cuando David huía tuvo esta gran inspiración. Cada salmo, a mi entender, fue una declaración de vida para David en los momentos más difíciles que tuvo que enfrentar.

Un escudo te protege del enemigo, los dardos del maligno no te tocarán y serás rodeado con la presencia de Dios. Ese mismo escudo rodeará tu vida en todo momento que tengas que enfrentar. Cuando tenemos fe es necesario entender quién es el verdadero Dios en nuestra vida. En ese proceso Él también levantará tu cabeza con el solo propósito que entiendas que tu salvación y, liberación viene del mismo cielo. Esteban, según Hechos 7, fijó su mirada al cielo y vio la gloria de Dios levantando su cabeza, mientras era apedreado a muerte. Él te dará fortaleza, ánimo, fe, para que puedas ver Su repuesta que vendrá del mismo Cielo. Es tiempo de buscar las cosas de arriba porque son eternas. Recuerda, Él siempre mantendrá tu cabeza en alto. Ya no es necesario caminar cabizbajo, ahora nuestro Dios mismo levantó tu cabeza en señal de victoria.

Mi Reflexión

Día 23
MIEDO

«Ya te lo he ordenado: ¡Sé fuerte y valiente!
¡No tengas miedo ni te desanimes! Porque el Señor tu Dios
te acompañará dondequiera que vayas.» Josué 1:9

Josué fue el sucesor de Moisés y fue escogido para liderar al pueblo de Israel en la conquista de la tierra prometida. Para que fuera confirmado en su nueva labor como líder, Dios le repitió esta promesa tres veces. Como a Josué, Dios nos ha llamado a hacer cosas fuera de nuestra zona de comodidad.

Unas de las más difíciles que he experimentado en mi propia vida ha sido el miedo. Pero Dios nos recuerda que el miedo paraliza Sus planes en nuestra vida, y nos hace un llamado a ser fuertes, valientes y a no desanimarnos en el intento. Hoy te digo: reclama tu tierra prometida que ya está preparada para ti, con las palabras y promesas de Dios que Él no se cansará de repetirlas una y otra vez porque te ama.

He aprendido en mi caminar con Dios que la mejor manera de acabar con el miedo es cuando lo enfrentamos, créeme que me he visto hacer grandes cosas y Él me ha recompensado viendo mi triunfo no solo personal si no al bendecir a otros.

Mi Reflexión

Día 24

MILAGRO DE SALVACIÓN

«Lo que es imposible para los hombres es posible para Dios.»
Lucas 18:27

Cuando hablamos de un milagro hablamos de un movimiento sobrenatural que está más allá del pensamiento humano. En ese momento, Jesús le hablaba a un hombre rico a quien le pidió que recordara los mandamientos, y el hombre le dijo que todo lo había cumplido. Jesús le dijo:

—Te falta algo, vende todos tus bienes, repártelos a los pobres y sígueme.

El hombre se sintió triste, y Jesús vio lo difícil que él hiciera lo que pedía.

El milagro sucederá cuando realmente aceptes con fe todo lo que Jesús te pida. El dinero y las posesiones serán bendecidas cuando las pongas en las manos de Dios. Pero ten cuidado, de no ponerlos antes que a Dios. Recuerda que todo es a base de agradecimiento, porque Dios es el único que te ha dado todo. El rico demostró que su corazón estaba en sus bienes y no en el milagro de la salvación. Pero hay nada más hermoso que las riquezas que vienen del mismo cielo, donde Jesús nos da la salvación y una vida eterna en gloria con Él. No hay nada más hermoso que aceptar el poderoso milagro de la salvación y ser libre del pecado.

Mi Reflexión

Día 25
NOSTALGIA

«Y estando en agonía oraba más intensamente y era su sudor como
grandes gotas de sangre que caían a tierra.»
Lucas 22:44

Todos hemos vivido momentos de nostalgia, tal vez por un recuerdo de un ser querido que ya no está con nosotros. Jesús pasó por un momento de gran nostalgia cuando se acercaba el sufrimiento de la cruz. Todos sabemos que esto solo era la voluntad de Su Padre; pero también debemos recordar que, en su humanidad, su sufrimiento y agonía fue grande. No hay duda de que la nostalgia nos viene de aquel recuerdo que nos ha hecho sufrir.

En una de mis últimas visitas a Puerto Rico, cuando ya aterrizaba el avión, ese sentimiento de nostalgia llegó a mi vida. Fue como un vacío en mi corazón, pues fue la primera vez que físicamente no veía a mi madre pues ya no estaba conmigo. Pienso que de esa misma manera se sintió nuestro Jesús cuando tuvo que pasar ese amargo sufrimiento en la cruz. Quiero recordarte que la nostalgia nos recordará que, así como Jesús oró, nosotros también recobraremos la calma al buscar no solo su presencia sino también aceptar la voluntad de Dios.

Mi Reflexión

Día 26

ÁNIMO

«Dios es nuestro amparo y nuestra fortaleza,
nuestra ayuda segura en momentos de angustias.»
Salmos 46:1

No es fácil animar a las personas cuando están pasando dificultades y tú quieres que sigan adelante con sus metas. Podremos decir muchas palabras de ánimo y tener estrategias escritas de cómo hacerlo; pero he aprendido quien se levanta y decide es la misma persona. No sé si te has encontrado con personas que te escuchan, se entusiasman por un momento, pero les dura muy poco.

Esta palabra dice claramente que Dios es el único que puede animarte a continuar las metas trazadas en tu vida. Si no tienes a nadie que te dé ánimo, recurre a la Palabra del Señor, porque en ella encontrarás la fortaleza, el auxilio y la paz que estás buscando. Vivamos con ánimo para seguir adelante; que Sus palabras siempre sean la clave para alimentar tu ánimo. Salmos 31: 24 dice bien claro: «Cobren ánimo y ármense de valor todos los que en el Señor esperan». Espera en Dios y verás cómo tu ánimo toma fuerza para seguir adelante; ¡sigue confiando en Dios!

Mi Reflexión

Día 27

VIVIR LO MISMO

«Así que tengan cuidado de su manera de vivir.
No vivan como necios, sino como sabios, aprovechando al máximo
cada momento oportuno, porque los días son malos.»
Efesios 5:15-16

Unos de mis grandes deseos y anhelos siempre fue no caer en la rutina en mi matrimonio: una de las crisis más grandes vividas por muchos en sus propios hogares. Un matrimonio tiene que reinventarse continuamente para crecer, madurar y no perder su verdadero propósito que es el amor. Yo he luchado para no vivir lo mismo, pues esa no es la voluntad de Dios para sus hijos. Quizá para ti no sea solo en el matrimonio, sino en otras áreas de tu vida.

Te pregunto: ¿Qué harías para no vivir lo mismo? Quiero enseñarte algo. Primero empieza a reconocer que donde estás ya no es de tu agrado. Segundo, acciona de inmediato y recuerda que Dios te guiará en todo. No desmayes en el intento, mientras más lo intentes encontrarás que los cambios son para mejorar y que realmente lo verás. Como dice esta palabra, nuestra manera de vivir demostrará que estamos viviendo con provecho y que trabajamos las oportunidades que Dios nos brinda.

Mi Reflexión

Día 28

MALAS NOTICIAS

«No temerá recibir malas noticias; su corazón estará firme,
confiado en el Señor. Su corazón estará seguro, no tendrá temor,
y al final verá derrotados a sus adversarios.
Reparte sus bienes entre los pobres» Salmos 112:7-9

He meditado grandemente en lo difícil que es recibir malas noticias. En los últimos dos años jamás hubiéramos imaginado que por un virus estaríamos recibiendo tantas malas noticias. Me he preguntado cómo uno puede estar preparado para esto. Uno cree que la vida será solo paz y tranquilidad; sin embargo, también debemos prepararnos por si nos llega una noticia inesperada que pueda mover nuestro entorno. La palabra lo dice, y es una de las promesas que no deberíamos olvidar.

Te exhorto a que cuando recibas una mala noticia, que tu corazón esté confiado en el Dios que puede fortalecerte. La confianza en Dios es lo más importante porque podemos entender el porqué de lo que nos sucede, y tendremos paz.

Mi Reflexión

Día 29

CUANDO EL AMOR COMPARTIDO SE DEMUESTRA

«Si reparto entre los pobres todo lo que poseo, y si entrego mi cuerpo para que lo consuman las llamas, pero no tengo amor, nada gano con eso.» 1 Corintios 13:3

Compartir es una virtud que deberíamos tener todos, pues es una cualidad que da mucho que hablar hoy en día. Estando de vacaciones en mi país, Puerto Rico, y compartiendo con mis familiares, una mañana mientras estábamos tomando el desayuno y conversando de las cosas de la vida, sucedió algo muy curioso que llamó mi atención. Ya se había colado el café y solo faltaba una taza, y el esposo de mi sobrina le dijo:

—No te preocupes, yo me tomo la mitad de tu café.

A veces tenemos que compartir con nuestros seres amados, y es un acto de amor especial. Compartir es un acto no solo de amor sino una muestra de que no somos egoístas. Un matrimonio lo comparte todo, siempre considerando a su compañera o compañero. Jesús mismo dio su vida sin pedir nada a cambio solo para que entendieras que Su sacrificio era para demostrarte cuán importante eres para Él. Con ese acto de amor, el esposo de mi sobrina le mostró cuanto la amaba. Así mismo nuestro Dios nos demuestra esa gran virtud; algún día todo se acabará, pero el amor permanecerá. ¿Qué es lo que tienes para compartir?.

Mi Reflexión

Día 30

DOMINGO DE PENTECOSTÉS

«Cuando llegó el día de Pentecostés,
estaban todos juntos en el mismo lugar.» Hechos 2:1

La palabra pentecostés significa 'quincuagésimo día después de la pascua', o sea 50 días después de esta celebración y del día de la resurrección. Ya habían pasado casi 40 días desde que Jesús, después de comer con sus discípulos, les ordenó que no se alejaran de Jerusalén, sino que esperaran la promesa del Padre. Cuán importante es no movernos de un lugar, esperando Su voluntad; eso es importante para que tengamos el éxito que esperamos.

Hay que recalcar que les pidió que estuvieran juntos. La unidad en la iglesia, en tu casa, con tu familia, como matrimonio e inclusive en otras áreas de tu vida dependerá de la espera y confianza en lo que has escuchado de parte de Él. El lugar donde estás ahora es donde la espera será y el mismo Dios determinará cambios. El Espíritu Santo fue lo que los discípulos necesitaron para confirmar que Su presencia estaría con ellos a donde fueran. No sé en qué lugar estás ni cuán importante es para ti, pero donde estas y si estás en unidad con el Padre será todo lo que necesitas para esperar la promesa recibida.

Mi Reflexión

Día 31
UN NUEVO CORAZÓN

«Les daré un nuevo corazón, y les infundiré un espíritu nuevo;
les quitaré ese corazón de piedra que ahora tienen, y les pondré un
corazón de carne.» Ezequiel 36:26

La ciencia médica ha avanzado tanto que hacen trasplantes de corazón. Tengo una vecina que hace varios meses atrás recibió un corazón nuevo; su proceso no ha sido fácil pero su mejoría se ve a pasos agigantados. La he visto caminar y sale de su casa.

Dios también quiere hacerte una cirugía con Sus propias manos, pues tienes que reconocer que tu corazón por momentos se endurece por los golpes y las decepciones de la vida, y hoy día lo conocemos como el síndrome del corazón roto. Pareciera que Dios lo conocía pues en esta palabra lo dice: «Les daré un nuevo corazón». No pierdas la oportunidad de dejar que Él te dé un corazón nuevo y completo. Hoy deja que Su Espíritu Santo te dé ese nuevo aliento de vida. Comienza a decirle que estás dispuesto a que Él sea tu cirujano pues deseas un corazón que vuelva a latir, a sentir de nuevo que será transformado por Su amor. Cuando dejamos que Él haga Su parte, nadie podrá impedir tan hermosa transformación. Hoy comienza un nuevo soplo de vida en ti.

Mi Reflexión

Día 32

NO PUEDO RESPIRAR

*«El segundo se parece a este:
"Ama a tu prójimo como a ti mismo".» Mateo 22:39*

Cuando hablamos de nuestros semejantes, hablamos de igualdad que va de la mano en pensamiento y obra. A Jesús le encantaba recordarnos muchas cosas; y Él sabía que sus mandamientos eran necesarios para el comportamiento del pueblo que estaba ministrando. Te quiero llevar a un caso del año 2020, donde un afroamericano falleció por abuso policial; a pesar de gritar: «No puedo respirar», sus palabras no fueron escuchadas. Esto me llevó a pensar que para amar a nuestro prójimo se requiere que nos amemos a nosotros mismos. En la vida de Jesús hubo momentos donde tampoco podía respirar, en muchos momentos Él se apartaba a lugares desiertos para respirar paz, descanso, tranquilidad, y allí encontraba a Su Padre donde encontraba ese oxígeno limpio de Su presencia.

Medita en este segundo mandamiento recordándote que hoy más que nunca necesitas aplicarlo a tu diario vivir. Respirarás vida hacia aquel que esté a tu lado. Ama, vive y cree en ti para que ames sin condiciones.

Mi Reflexión

Día 33
JUSTICIA DE DIOS

«*Porque Dios "pagará a cada uno según
lo que merezcan sus obras".*» *Romanos 2:6*

Hablamos de justicia cuando vemos lo injusto de la vida. La pedimos a gritos, muchos salen a la calle y con sus cartelones la exigen a sus gobiernos, expresando su sentir pues creen que así lograran lo deseado, según su línea de pensamiento y valores. Sin embargo, la justicia de Dios es diferente, pues establece que se ha de dar al prójimo con equidad respecto al bien común. Habrá un pago que cada cual recibirá, según lo que ha hecho, según su caminar con Dios y la vida misma.

El Señor no se ha dormido, todavía está atento a la justicia. En el libro de Proverbios 21:21 dice: «El que va tras la justicia y el amor halla vida, prosperidad y honra». Al hallar la justicia y unirla al amor es una gran combinación porque todo lo que haces y planeas prosperará. Comienza hoy a escudriñar tus obras y dónde estás parado, reconsidera tus actitudes y motivos, haz un cambio de conciencia, vuelve a ese primer amor y recibirás el gran premio. No hay nada más hermoso que recibir no solo el respeto y buena opinión de los hombres sino del mismo Dios que te ama.

Mi Reflexión

Día 34

BENDICIÓN SACERDOTAL

«El Señor te bendiga y te guarde; el Señor te mire con agrado y
te extienda su amor; el Señor te muestre su favor y
te conceda la paz» Números 6: 24-26

Tal vez te encuentras en la peor etapa de tu vida, sientes que no encuentras el camino correcto a seguir, estás confundido, esperando una palabra que aliente tu corazón y te dé esa esperanza para seguir. Aquí te presento la bendición sacerdotal que se impartió en el Antiguo Testamento a los israelitas para alentarlos en su camino a seguir con Dios, pues era Su pueblo amado y escogido. Hoy te la presento con la misma reverencia impartida para que sepas que Dios está diciéndote que eres guardado por y para Él en todo lo que tengas que enfrentar, que su mirada de agrado está sobre ti, que Su amor se te extiende en grandes cantidades para que seas afirmado diariamente, que te mostrará favor en todo lo hagas y planees para tu familia, iglesia y ministerio; y lo más importante, paz para esperar la bendición que Él ya tiene preparada para ti. Empieza desde hoy a declararla sobre tu vida pues al hacerlo recibirás la bendición. No esperes más, abre tu boca: serás bendecido y su rostro resplandecerá sobre ti. Recuerda, esta bendición cubrirá tu salida y entrada.

Mi Reflexión

Día 35

HAY UN DESENLACE

«La muralla se terminó el día veinticinco del mes de elul. Su reconstrucción había durado cincuenta y dos días. Cuando todos nuestros enemigos se enteraron de esto, las naciones vecinas se sintieron humilladas, pues reconocieron que ese trabajo se había hecho con la ayuda de nuestro Dios.» Nehemías 6: 15-16

Encuentro sumamente fascinante todo lo que encierra la historia de un pueblo como el pueblo de Israel que guiado por Dios y hasta sumamente perdonado logrará victorias grandes bajo la mano de líderes llamados por Dios con Nehemías y su gran liderazgo logro un gran triunfo reconstruir de nuevo el templo de Jerusalén, lo cual bajo un inmenso mover de su corazón decidió exhortar al pueblo a levantarlo. Te exhortó a que leas esta historia. A donde quiero llevarte es a pensar en que en nuestras vidas y procesos siempre habrá un desenlace, ni me puedo imaginar los muchos obstáculos que quizás has vivido y estas viviendo donde le estas pidiendo a Dios que lo termine. Lo que Dios determinó para tu vida ya lo sabes, pues confío que lo sepas y reconozcas hacia donde Él te lleva, Su voluntad siempre será perfecta. En momentos vendrán desánimos, deseos de no continuar, tiempos de que querrás salir corriendo, si nos ponemos en las manos de Dios, lo lograremos. Dios te esta llamando a reconstruir aquello que has visto derribado y en ruinas, no sabemos el tiempo, pero que si habrá un desenlace final. El enemigo tratará de todas formas de impedirlo pero quedará derrotado y avergonzado. Deuteronomio 28.7 dice: Jehová derrotará a tus enemigos que se levanten contra ti, por un camino saldrán contra ti y por 7 huirán delante de ti.

Nuestro Dios esta esta con la conclusión de tu proceso listo, para llevarte a reconocer que con su ayuda y los nuevos caminos que abrirá, veras un desenlace favorable para ti. Llego tu tiempo de declarar que tu desenlace esta cercano y que será una parte más de tu caminar y victoria en Cristo.

Mi Reflexión

Día 36

EL SEÑOR ES UNA TORRE FUERTE

«Torre inexpugnable es el nombre del Señor; a ella corren los justos y se ponen a salvo.» Proverbios 18:10

Te exhorto a leer a diario al libro de Proverbios, escrito por Salomón, pues encontrarás sabiduría en todas las áreas que necesitas. Este en particular del cual escribo habla de una gran característica de nuestro Padre: «Él es una torre fuerte». Él es invencible, y actúa por nosotros en cualquier momento que le pidamos ayuda. Lo que necesitas es mencionar Su nombre, y ahí estará. En los momentos más difíciles que en muchas ocasiones tuve que enfrentar, corría a esa torre fuerte, siempre la encontré frente a mi y al abrir sus fuertes puertas siempre encontré la paz esperada y el refugio.

No hay nada mejor que estar en la torre de la esperanza, fe, y tener el escudo de Su verdad que es Su Palabra. Comienza hoy a creer que Él es tu torre fuerte.

Mi Reflexión

Día 37

ACEPTA TU ASIGNACIÓN EN LA VIDA

«Porque somos hechura de Dios, creados en Cristo Jesús para buenas obras, las cuales Dios dispuso de antemano a fin de que las pongamos en práctica.» Efesios 2:10

Me preguntaba: «Señor, ¿cuál será esa asignación que pusiste para mí?». Me preocupaba tanto cuando veía otras personas desarrollando algo y yo siempre demostraba miedo. Hasta que esta palabra llegó a mi vida, y comprendí que todos fuimos creados para algo en esta tierra. No ocupamos un espacio más, sino que lo llenamos con aquello que hacemos y hemos aprendido. Fuimos creados para hacer la diferencia en lo que hacemos, para impactar al mundo que nos rodea. El profeta Jeremías lo dijo muy claro: «Antes de formarte en el vientre, ya te había elegido; antes de que nacieras, ya te había apartado; te había nombrado profeta para las naciones.» (Jeremías 1:5)

Esos somos tú y yo. Comienza a preguntarte cuál es tu asignación, y te aseguro que quizá ya la estás ejerciendo. Nunca limites tus posibilidades, te aseguro, aunque sea poco o mucho, hay algo impactante que ya estás haciendo por aquellos que están a tu alrededor. El mismo Jesús no necesitaba a miles a su lado, pero sí a aquel pequeño grupo fiel que aprendió su propósito a su lado. Te invito a participar y ser parte del grupo de los llamados a brindar sonrisas, paz, consuelo, esperanza, fe, motivación y enseñanza de la mano de nuestro Dios.

Mi Reflexión

Día 38

ÉL ABRIRÁ UN CAMINO DONDE ESTÉS

«¡Voy a hacer algo nuevo! Ya está sucediendo, ¿no se dan cuenta?
Estoy abriendo un camino en el desierto, y ríos en lugares
desolados.» Isaías 43:19

Ahora mismo Dios estará organizando lo que está pasando en tu vida. Lo que sucede es que en nuestra vida no todo está en orden, pero si lo ponemos a Él primero, esto sí ocurrirá. Cuando el pueblo de Israel cruzó el Mar Rojo, no sabían a dónde iban, solo se dejaron guiar por el liderazgo de Moisés. El faraón había declarado que el pueblo quedaría encerrado y perdido, así también nos habla el enemigo para desanimarnos. Pero Dios les prometió que pelearía por ellos. El Mar Rojo se abrió e hizo un camino seco, y el enemigo no pudo destruirles.

En nuestras vidas habrá desiertos donde ni agua encontraremos; pero hay un camino ya trazado, limpio para que podamos pasar y salir mejor que antes. Solo tenemos que creerlo y tener fe. Nuestro Dios no se cansa. Su promesa es que lo hará otra vez, Él es el Dios paciente y si tiene que repetirlo, lo hará. Tenemos que reconocer que en el desierto encontraremos de nuevo el camino que una vez perdimos. En Salmos 25: 4 dice: «Señor, hazme conocer tus caminos; muéstrame tus sendas»; he aquí la respuesta: debes pedir lo mismo en oración; y encontrarás un río que saciará tu sed y serás llenado con Su Espíritu Santo que trabajará las áreas que quiere transformar para Su gloria.

Mi Reflexión

Día 39

NECESITO UN HOMBRO

«—Las zorras tienen madrigueras y las aves tienen nidos —le respondió Jesús—, pero el Hijo del hombre no tiene dónde recostar la cabeza.» Mateo 8:20

Como siempre, Jesús era confrontado por los maestros de la ley en tono de burla, pero Él donde reconocía sus intenciones. Un maestro de la ley se le acercó para decirle que lo seguiría, a lo cual Jesús respondió:

—Yo ni siquiera tengo dónde recostar mi cabeza.

Lo que quiso decirle es que seguirle le costaría mucho, sería un gran sacrificio pues implica dejarlo todo por Él. Eso me hizo pensar que antes del 2019, cuando comenzó la pandemia del COVID-19, jamás nos hubiéramos imaginado que tendríamos que separarnos como familia para evitar todo contagio. Como Jesús, ya no tendríamos, el abrazo y beso esperado de aquellos seres queridos que tanto amábamos. Jesús también necesitó un abrazo en sus momentos de soledad, tampoco tenía donde dormir y con quién refugiarse. Quizá en estos momentos necesites ese hombro amigo donde recostar tu cabeza; pero te invito a que lo encuentres en Jesús, Él está dispuesto a darte un refugio deseado. En Su llamado tuvo que sacrificar mucho; pero Su hombro jamás se ha cansado ni sus brazos se han caído, al contrario, Su amor infinito nos abraza hoy y siempre. ¿Estás dispuesto a dar tu hombro amigo a muchos que lo necesitan y están esperando por ti? Recordemos cada situación vivida, Jesús mismo la sintió pues dejó de ser rey para sentir en carne propia todo lo que vivimos, y así entendernos y guiarnos.

Mi Reflexión

Día 40

LAS PALMERAS Y EL JUSTO

«Como palmeras florecerán los justos, como cedros del Líbano crecen plantado en la casa del Señor florecerán en los atrios de nuestro Dios.» Salmos 92:12-14

En mi bella isla de Puerto Rico, donde quieras que estés —sea en el campo o en la ciudad— te encontrarás con palmeras de todos los tamaños: grandes, súper altas, pequeñas, con o sin frutos. Uno se queda maravillado de verlas tan altas y firmes, que ni tormentas o huracanes que han azotado mi isla nunca han podido derribarlas. De esa misma manera, como dice Salmos 92, el justo es aquel que actúa con justicia y crecerá en Dios como la misma palmera. Cuando habla del cedro en el Líbano, habla de un árbol muy alto con un tronco firme con muchas ramas que vive hasta mil años. Cuando estamos plantado en la casa del Señor estamos adquiriendo vida para disfrutarla, aun cuando estemos viejos obtendremos frutos y estaremos fuertes siempre en la presencia del Señor.

Hoy en día nos comparamos con tantas personas sin reconocer que nosotros mismos tenemos todas las herramientas que necesitamos para sostenernos en nuestra vida. Elige ser como la palmera que, a pesar de los azotes de la vida y los vientos contrarios, puedas mantenerme firme siendo justa para florecer en Dios. empieza a considerarte fuerte y firme como una palmera. Amén.

Mi Reflexión

Día 41
MALETAS

«Encomienda al Señor tus afanes, y él te sostendrá; no permitirá
que el justo caiga y quede abatido para siempre.»
Salmos 55:22

En los pasados cinco años, mi esposo y yo tomamos la decisión de viajar, puesto que ya somos retirados y tenemos ese tiempo disponible. Para la preparación de esos viajes lo principal es preparar y organizar las maletas. En la actualidad se requiere que la maleta no pese más de 50 libras.

¡Cuántos de nosotros estamos cargando una maleta demasiado pesada, llena de problemas, de ansiedades, de enfermedad y de preocupaciones que nos están haciendo tropezar en esta vida! Dios te esta diciendo que empieces abrir tus maletas y a deshacerte de todo lo que está pesando demasiado. Dios te ayudará a vaciarla y hacer tu carga más liviana. Él también te sustentará y sostendrá esa carga por ti. Haz el esfuerzo de vaciar esa maleta del miedo, el pasado, el dolor. Cuando cargamos maletas en la vida no hay nada mejor que dejar que nuestro Dios las cargue con Su amor, paciencia y Sus grandes deseos de que vivas una vida justa.

Mi Reflexión

Día 42

ESTABILIDAD EMOCIONAL

«Más vale ser paciente que valiente; más vale el dominio propio que conquistar ciudades.» Proverbios 16:32

En nuestras reuniones de damas estudiamos un libro de la gran escritora Joyce Meyer. En una enseñanza, ella enfatizó algo muy importante y es cómo no dejar que nuestras emocione dominen nuestras vidas. Las mujeres somos muy emocionales, realmente creo que así fuimos creadas por nuestro Dios. Ella usó esta palabra en Proverbios porque es importante reconocer que la paciencia, que es un fruto del Espíritu Santo, es parte vital en el control de nuestras emociones. De qué nos vale tenerlo todo si en los momentos que somos probados, el dominio propio se sale de control. Es tiempo que entiendas que, si seguimos siendo controlados por nuestras emociones, ellas controlarán todos los aspectos de nuestra vida. Cuando la impaciencia, el mal humor, la falta de fe, la ansiedad y la negatividad nos controlan no podemos ver lo que Dios está haciendo en nuestras vidas. Cuando nuestras emociones están en total control nuestros frutos se verán en abundancia.

Sé que los problemas vendrán, pero prométete ser una persona estable emocionalmente. Podremos conquistar mucho en nuestra vida, pero lo más importante es que nuestras emociones estén controladas por Dios y el Espíritu Santo.

Mi Reflexión

Día 43
CÓMO ES POSIBLE

«Mucho yerra quien mucho corre.»
Proverbios 19:2b

¿Te has dado cuenta cómo viven las personas de tu ciudad? Sé que probablemente es parecido a donde yo vivo en Killeen, Texas. La gente vive como si el tiempo se le fuera de las manos. Vemos poca tolerancia inclusive cuando vamos de compra, cuando vamos al médico, cuando hacemos una fila en un banco o cuando estamos manejando en las carreteras. En una ocasión, cuando estaba en la tienda Walmart en Puerto Rico, una mujer mayor me preguntó si el carrito de compra que estaba a mi lado me pertenecía.

—No, adelante, puedes usarlo —respondí.

En menos de un segundo, otra mujer pasó y sin preguntar, cogió el carrito y siguió andando. La señora mayor y yo nos miramos asombradas, y eso me hizo pensar cómo vivimos hoy en día. Queremos correr cuando nuestro Dios nos dice: «Camina y ve con calma». Nos hemos olvidado de apreciar la vida que con tanto amor y valor Él nos ha regalado. Dios nos quiere enseñar que debemos vivir con calma para obtener los resultados deseados. Nos querrás cometer errores y después lamentarlos. Vive la vida de las manos de Dios.

Mi Reflexión

Día 44
FAMILIA

«Si el Señor no edifica la casa, en vano se esfuerzan los albañiles. Si el Señor no cuida la ciudad, en vano hacen guardia los vigilantes.» Salmos 127:1

Construir una casa no es nada fácil, lo primero que necesitas es una fundación fuerte, porque sin ella la casa no se sostendrá. Ese es el mismo contexto de nuestra familia hoy. Desde la creación del mundo, la familia ha sido lo más importante para nuestro Dios porque es una institución que Él creó. Dios quiere que trabajemos más unidos como familia.

Durante esta pandemia que hemos estado viviendo pude ver los estragos que ocasionó en las familias el estar separados; fue allí cuando pudimos apreciar el valor de cada miembro de nuestra familia. Aquellos que no se hablaban volvieron a retomar sus vidas con aquellos familiares que creyeron perdidos. La familia es la imagen del Dios mismo pues Él sigue siendo la fundación principal de la familia.

Permite que el diálogo, el perdón, la comprensión, la paz y misericordia vuelvan a visitar tu familia. Dejemos que Dios edifique nuestras casas nuevamente con fundamentos de fe, propósito y seguridad.

Mi Reflexión

Día 45

PONTE EN LOS ZAPATOS DE OTRO

«Para esto fueron llamados, porque Cristo sufrió por ustedes,
dándoles ejemplo para que sigan sus pasos.»
1 Pedro 2:21

Les confieso que amo los zapatos, no importa cuán diferentes sean, siempre les encuentro algo especial. Si yo pudiera, tendría un clóset lleno de miles de ellos. Pero hay algo que nuestro Dios nos llamó a hacer de vez en cuando y es ponernos en los zapatos de otro para que entendamos lo que los demás sienten y piensan. Aunque esto no es algo literal puede ser que el zapato de otro sea grande o pequeño para ti o tal vez te gusta o no; pero póntelo de todas maneras para entender la dificultad que esa persona tiene al caminar.

Dios te recuerda que para guiarte y enseñarte, Él tuvo que ponerse en tus zapatos, y nos dio ese ejemplo para que ahora sigamos sus pasos. Cuando haces esto haces sentir a la otra persona escuchada y comprendida porque has tenidos sentimientos similares o has pasado por una situación parecida. ¿Cuáles son los zapatos que tendrás que ponerte hoy? Examina a quién tienes que hacerle ese gran favor, y da el ejemplo de que estás siguiendo las pisadas de nuestro Dios.

Mi Reflexión

Día 46

ESA PALABRA SIGNIFICATIVA

*«Ciertamente, la palabra de Dios es viva y poderosa,
y más cortante que cualquier espada de dos filos. Penetra hasta
lo más profundo del alma y del espíritu, hasta la médula de los
huesos, y juzga los pensamientos y las intenciones del corazón.»*
Hebreos 4:12

Todos necesitamos una palabra de parte de Dios para confirmar y para fortalecer nuestro espíritu, no solo en los buenos momentos sino en los más difíciles. Una vez escuché de un gran predicador esta frase: «Si tenemos una palabra lo tenemos todo». La Biblia misma ha sido mi guía por muchos años, te comparto una que recordé y recibí, aunque fue simple y sencilla, la guardé en mi corazón y fue: «Esto pasará». Tan simple fue esta palabra que recobré mi esperanza; y aunque en aquel momento no la vi cumplida, pero llegó el momento en el que las circunstancias negativas pasaron y pude ver la mano de Dios.

Si escudriñas la Palabra de Dios, encontrarás sucesos que comenzaron mal, pero terminaron en grandes victorias. Si hay alguna palabra que has recibido, empieza a declararla y a confiar, y verás que con fe todo será cumplido. No olvides lo poderosa y cortante que es la Palabra de Dios que cortará tu espíritu como espada de doble filo y llegará inclusive hasta tus huesos. ¿Recibiste una palabra de Dios hoy?.

Mi Reflexión

Día 47

SOMOS GUERRERAS O PACIFICADORAS

«Dichosos los que trabajan por la paz,
porque serán llamados hijos de Dios.» Mateo 5: 9

En una ocasión escuché en una predicación de una gran mujer de Dios que dejemos de decir que somos unas guerreras y empecemos a decir que somos portadoras de paz. Escuchar esto captó mi atención porque de una manera otra estamos en una guerra constante y nos hemos olvidado de declarar la paz recibida.

Me han dicho muchas veces que soy una mujer pacificadora pues no me gusta pelear o crear conflictos. Hoy en día pareciera que esto se ha olvidado preferimos a veces seguir peleando y no buscar la paz. Dios nos llama a la paz y a buscarla, quiere decir que nuestro mayor propósito es trabajarla incansablemente. ¡Qué mayor recompensa obtendremos que ser llamados hijos de Dios! Cuando portamos o cargamos algo, Dios requiere que lo enseñemos a donde quiera que vamos.

Si declaramos una guerra, no hay duda que llegarán las luchas y batallas; pero Dios dijo que la paz sería desde el amor, la aceptación y la unión los unos con los otros. Este es el tiempo de crear paz alrededor de aquellos que nos están mirando; el objetivo nunca será perder la identidad de ser hijos de Dios.

Mi Reflexión

Día 48

LA MONTAÑA O EL VALLE

«En cambio, la tierra que van a poseer es tierra de montañas y de valles, regada por la lluvia del cielo. El Señor su Dios es quien la cuida; los ojos del Señor su Dios están sobre ella todo el año, de principio a fin.»
Deuteronomio 11:11-12

Nací en una isla rodeada de montañas grandes e impresionantes. Eso me acordó cuando Jesús se apartaba de todos a lugares alto pues necesitaba un tiempo solo para escuchar a Su Padre. Muchos necesitamos subir a un lugar alto como una montaña para apartarnos de todo, recibir el aire fresco para pensar y aclarar nuestros pensamientos. No hay duda que subir una montaña no es nada fácil, mas sé de muchos que lo han hecho y lo han logrado. No he tenido esa experiencia, pero sé que en muchas experiencias he logrado con mi fe mover muchas montañas de problemas. Pero ¿y qué del valle? Esa llanura entre montaña acumula mucha agua y hay tierras más fértiles a su alrededor. Pareciera que el valle es mucho más cómodo de estar pues allí enfrentamos la tristeza, el desánimo con cierta comodidad y puede que nos acostumbremos y no queramos salir de ella. Te reto hoy a enfrentar esa montaña que está delante de ti. Dios te está recordando que la mires de frente y recuerdes lo que Él te ha prometido, pues ha llegado el tiempo de poseer la tierra prometida en tu vida porque ya está regada con la lluvia de provisión para ti. ¿Dónde te encuentras hoy: en la montaña o en el valle?

Mi Reflexión

Día 49

SILENCIOS DE DIOS

«Guarda silencio ante el Señor, y espera en él con paciencia; no te irrites ante el éxito de otros, de los que maquinan planes malvados.» Salmos 37:7

Vivimos en un mundo lleno de tantos ruidos que perdemos el enfoque en Dios y en lo que queremos alcanzar. Dios nos está llamando hoy a estar en silencio, sin que nadie nos moleste, alejados de todas distracciones. Dios no puede hablarnos en medio de tanto ruido a nuestro alrededor. ¿Cómo puedes obtener repuestas de lo que has pedido si estás escuchando ruidos y distracciones que no te dejan oír la voz de Dios?

Los silencios de Dios son necesario para nuestro crecimiento espiritual. Aunque Él está mirando —porque Sus ojos no se han apartado de nosotros—, guardará silencio en ese proceso que estás viviendo, para que entiendas que es necesario que saques el tiempo para escuchar Su voz y la respuesta que estás esperando. Es tiempo de soltar lo que estás haciendo a tu alrededor y de cerrarte en el lugar deseado para encontrarte con Él y escucharle. A veces atendemos lo de menos importancia y nos olvidamos de los silencios que necesitamos en nuestra vida. En ocasiones tendrás que confiar en Dios y Sus promesas, que nada está escondido de Dios y que Él hará todo según sea Su voluntad. Acepta lo silencios de Dios, espera en Él, no te desesperes y corre hacia el cuarto donde Dios te está esperando. Guarda silencio ante de Jehová y espera en Él.

Mi Reflexión

Día 50
ERRORES

*«Todos fallamos mucho. Si alguien nunca falla en lo que dice,
es una persona perfecta, capaz también de controlar
todo su cuerpo.» Santiago 3:2*

Tenemos que admitir que en muchas ocasiones se nos hace difícil aceptar que cometemos errores. A veces me pregunto por qué en mi vida me ha pasado lo mismo, pienso que en mi crecimiento familiar estuve con personas muy perfeccionistas que ocasionaron en mí una inseguridad que me que ha causado frustraciones y me impide aceptar mis propios errores. Gracias a Dios, en mi transcurso de mi caminar espiritual puede entender que el perfeccionismo es un estado o conducta de muchos que en vez de ayudarnos, nos frustra porque siendo rígidos y críticos consigo nosotros, sufrimos mucho. He aprendido en Su Palabra no hay justo ni aun uno, el único perfecto es Dios. En Su amor y compasión no mira nuestros errores, sino que trabaja con ellos.

Quiero recordarte que cada error que cometas, si vas con la guía de nuestro Dios, sacará lo mejor de ti y te motivarás a seguir adelante. Salmo 37:23 dice que por el Señor son ordenados los pasos del hombre y el Señor se deleita en su camino; Él ordenará y pondrá orden inclusive en los errores cometidos y pondrá en tu caminar esa delicia en tu vida.

Mi Reflexión

Día 51

PASOS DE FE

«Para que la fe de ustedes no dependiera de la sabiduría humana,
sino del poder de Dios.» 1 Corintios 2:5

La fe genuina tiene que ponerse en práctica: si no practicas lo aprendido como entonces no lograrás tener las habilidades y enseñanzas ganadas en el caminar con Dios. En mi vida he tenido que dar pasos de fe; he aprendido que es lo único que he tenido de la mano para hacer. De lo que he aprendido te quiero enseñar la más importante: nunca le digas a Dios que no.

Te lo voy a explicar, cuando alguien requiera de ti esa habilidad, ese talento, esa motivación que tienes para hacer algo con Dios, acéptalo, porque estás ayudando a otro que está dando ese paso de fe, y Dios lo utilizará para tu crecimiento y para desarrollar el llamado que tienes. Primero visualízate haciéndolo, pues ese será el comienzo para lograrlo, confiésalo con tu boca y expresa diciendo: «Lo voy a lograr», y ejecuta con un plan bien trazado, y Dios hará el resto. Te animo a que comiences a decirle sí a las oportunidades que Dios pondrá en tu camino, reconociendo que sin Él no lo lograrás, y siempre ten una actitud positiva a ese paso de fe.

Mi Reflexión

Día 52

LUZ

«¡Levántate y resplandece, que tu luz ha llegado!
¡La gloria del Señor brilla sobre ti!»
Isaías 60:1

En donde resido, en Killeen, Texas, se desató hace poco una tormenta de lluvia intensa y vientos fuertes, el cielo se tornó totalmente gris y en un instante un rayo cayó sobre el transformador de electricidad que estaba detrás de nuestro hogar y ocasionó que se fuera la luz y que estuviéramos por varias horas en la oscuridad. Me puse a pensar que en muchas áreas de mi vida me he sentido totalmente en la oscuridad sea en las luchas de la vida, un problema de momento o un estado de ánimo inesperado; he tenido que entender, como dice esta palabra, que Su luz siempre ha resplandecido sobre mí.

Nuestro Dios es maravilloso porque Su luz —que no es otra cosa que el amor, la paz, la esperanza y la fe — siempre brillará en medio de la oscuridad o tempestad. No dejes que nada ni nadie apague la luz que siempre está resplandeciendo en ti. La gloria del Señor brilla constantemente sobre ti y tu familia. Recuerda que jamás podrás ocultar esa luz que tienes cuando conociste a Jesús en tu vida.

Mi Reflexión

Día 53

COMODIDAD O INCOMODIDAD

«—Las zorras tienen madrigueras y las aves tienen nidos —le respondió Jesús—, pero el Hijo del hombre no tiene dónde recostar la cabeza.» Mateo 8:20

Tenemos todo lo que necesitamos para vivir muy cómodamente; y hemos trabajado mucho para lo que hoy tenemos. El mundo ha cambiado grandemente porque ha habido un gran avance en la tecnología, la cual la usamos constantemente en nuestro diario vivir. Dios nos está retando a salir de nuestra comodidad para entender que la incomodidad es necesaria para saber dónde están nuestras prioridades y aquello que nos aleja de Él.

Dios está llamando a hombres y mujeres del reino para que se sientan incómodos y empiecen a mover al cambio. La incomodidad será la motivación que necesitamos tú y yo para testificar quiénes somos realmente en Él. Es impactante que el mismo Jesús no tenía dónde recostar su cabeza en su caminar en esta tierra, esto nos dice que tenía una manera fastidiosa de dormir. Y a pesar de esta incomodidad, Él se levantaba a cumplir Su misión aquí en la tierra. Esa fue la manera a pesar de la incomodad, en que logró Su ministerio para llegar al mundo entero. ¿Cómo te encuentras hoy? ¿Estás muy cómodo o Dios te está moviendo a la incomodidad? Prepárate para la nueva revelación en esta área de tu vida.

Mi Reflexión

Día 54

EL CUIDADO SE DEMUESTRA

«Hagan todo con amor.» 1 Corintios 16:14

En unas hermosas vacaciones en Punta Cana, Santo Domingo, un lugar espectacular, ocurrió algo significativo. Al llegar a ese lugar el propósito fue compartir como matrimonio y pasarla bien juntos. Unas de las personas que llevaron nuestras maletas a nuestra habitación, nos hizo una inesperada observación:

—Qué bonitos se ven ustedes tomados de las manos, pues eso casi ya no se ve entre parejas.

—Amigo, tomarse de las manos realmente no debe olvidarse. Hemos aprendido que es indispensable el cuidado que tienes a tu compañero o compañera, cuando lo tomas de la mano estas recordándole que no está caminando solo o sola. Por muchos años, nosotros no acostumbrábamos a tomarnos de las manos; sin embargo, en los últimos años, ese acercamiento ha sido unas de las partes más importantes cuando caminamos juntos —respondí. Cuando Dios restauró nuestro matrimonio, Él nos llevó a cambios, incluyendo ese cuidado al andar juntos. En la pareja, el tomarse de las manos, denota que el amor siempre está presente. No hay nada más hermoso que sentir la seguridad de estar tomados de la mano de tu pareja porque te recuerda que caminan en unidad, y ayuda a que la comunicación sea más fuerte y la unidad prevalezca. Es tiempo de demostrar hoy cuán importante es para ti la cercanía con tu pareja. No olvides que también encontrarás que nuestro Dios nos promete que nos tomará de Su mano en amor y también para guiar nuestra vida. No rompas con esos detalles tan significativos que tu pareja necesita para reafirmar el amor y el cuidado de los dos.

Mi Reflexión

Día 55

SARGAZOS DE LA VIDA O UNA LIMPIEZA NECESARIA

«Vuelve a compadecerte de nosotros. Pon tus pies sobre nuestras maldades y arroja al fondo del mar todos nuestros pecados.»
Miqueas 7: 19

El mar tiene una belleza impresionante, es el lugar donde encuentro una paz inexplicable. En nuestra isla de Puerto Rico estamos rodeados del mar; pero hay algo que está pasando recientemente debido a los cambios climáticos, y es la contaminación de sargazos. El sargazo es una macro alga flotante que proviene del fondo del mar, cuando forma colonias grandes se empieza a mover de acuerdo a las corrientes del océano. Flotan en masas en el mar y terminan en las orillas de las playas. En nuestras vidas tenemos mucho sargazo y hay que limpiarlas, necesitamos limpieza espiritual en nuestras vidas. Si el sargazo sale de lo profundo del mar, te puedes imaginar cómo de lo profundo de nuestro corazón y alma Dios tiene que limpiarnos para renovar todo lo que estorba en nuestras vidas, incluyendo el pecado.

Si la limpieza del sargazo es necesaria, ¡qué más hará nuestro Dios para limpiar nuestros pecados y hacernos puros nuevamente en Él! La limpieza si es necesaria para que seamos completamente bendecidos por Él y entendamos que ya el pecado no controla nuestras vidas. ¿Habrá algún sargazo que hoy Dios requiere limpiar en ti?.

Mi Reflexión

Día 56

POR UN GOLIAT SIEMPRE HABRÁ UNA PIEDRA

«Un famoso guerrero, oriundo de Gat, salió del campamento filisteo. Su nombre era Goliat, y tenía una estatura de casi tres metros. Llevaba en la cabeza un casco de bronce, y su coraza, que pesaba cincuenta y cinco kilos, también era de bronce».
1 Samuel 17: 4-5

Una ocasión pasé por una pequeña iglesia y vi en su rótulo de bienvenida este mensaje: POR UN GOLIAT SIEMPRE HABRÁ UNA PIEDRA; y me pregunté cuántas piedras he tenido que recoger para tirarle a esos gigantes en mi vida.

David, a pesar del gran tamaño de este gigante Goliat y que muchos pusieron en poco la habilidad que tenía para derribarlo, tuvo una revelación poderosa de quién era su Dios, y con la fuerza del espíritu Santo de Dios, logró derrotar al gigante. Los gigantes pueden tener la forma de miedo, inseguridad, falta de fe o tristeza. Pero Dios nos da piedras para derrotarlos; la más importante es la fe y confianza en Su amor. Empieza a ponerle nombre a las piedras que vas a usar para derribar esos gigantes que a diarios enfrentas. Cada piedra que le tires al gigante será para recobrar tu paz, será el propósito deseado para obtener la victoria.

Mi Reflexión

Día 57

EL MOMENTO ES AHORA

«Todo tiene su momento oportuno,
hay un tiempo para todo lo que se hace bajo el cielo.»
Eclesiastés 3:1

Un día mientras me servía una taza de café en la mañana, me percaté que en los sobres de azúcar se escriben frases significativas y allí encontré esta: EL MOMENTO ES AHORA. Lo que Dios puso en mi corazón inmediatamente es que estamos dejando pasar momentos importantes de nuestra vida. Es importante saber y entender que tenemos que estar atentos todo el tiempo a lo que Dios quiere hacer con nosotros. Hay momentos que Dios llamará tu atención para enseñarte algo importante que no debes de dejar pasar. Él está buscando el mejor momento para hablarte, recordarte quién es y lo que quiere cambiar en tu vida. Dios te está preparando para que decidas de una vez por todas que el momento es ahora. No queremos cambios, pero son necesarios para nuestras vidas.

Jesús llegó en el momento preciso a pedirle agua a la mujer samaritana, y ese momento cambió su vida para siempre. La mujer del flujo de sangre estuvo enferma por dieciocho años, y aprovechó el momento, y aunque no fue fácil tocar su manto, no lo dejó y encontró la sanidad deseada. Dios te está diciendo que llegó tu momento de actuar y alcanzar tu propósito.

Mi Reflexión

Día 58

LOS BUENOS SOMOS MÁS

«Confía en el Señor y haz el bien;
establécete en la tierra y mantente fiel.» Salmos 37:3

Una de las declaraciones más frecuentes que decía Yiye Ávila era: «Los buenos somos más». Él fue un gran evangelista puertorriqueño, que de ser un maestro de escuela se convirtió en el gran maestro del evangelio y la Palabra que con sencillez predicaba. También fue el creador del movimiento Cristo Viene y Cadenas de Milagros. En cada mensaje que predicaba, él gritaba con gran ímpetu que los buenos somos más. Lo impactante es que sufrió pérdidas muy dolorosas, y a pesar de eso creía en la transformación del ser humano por medio de Jesús. En el pueblo cristiano siempre debe de haber bondad y misericordia. Jesús mismo es nuestro ejemplo de agente de cambio y bondad plena. Mientras trabajemos la bondad en nuestras vidas y en aquellos que amamos profundamente, seremos parte de un grupo en los que la necesidad de otros nos moverá a bendecirles.

Hacer el bien te mantendrá en el lugar necesario donde la fidelidad de Dios te será mostrada. Este gran evangelista sabía lo que estaba diciendo porque logró que muchos vinieran al evangelio y fueran parte del reino de Dios; él sabía que Dios siempre se mueve en misericordia y al cambio de aquel ser humano que cree en Su Palabra. Ahora entendemos que si estamos unidos en bondad podremos detener los ataques del enemigo sobre el pueblo de Dios. Y tú, ¿eres parte de este grupo de los *buenos*?.

Mi Reflexión

Día 59

SOLO SU GRACIA

«Y Dios puede hacer que toda gracia abunde para ustedes, de manera que siempre, en toda circunstancia, tengan todo lo necesario, y toda buena obra abunde en ustedes.»
2 Corintios 9:8

El termino gracia es de origen latín *Gratia*, que significa 'benevolencia, favor, o beneficio que se recibe sin ningún tipo de merecimiento'. A veces creemos que lo merecemos todo porque nos lo hemos ganado; sin embargo, en la vida cristiana no es así. Podemos desarrollar muchas habilidades, pero con Dios, el perdón de pecados y la vida eterna es solo por Su gracia. Aunque no lo merecemos, Jesús en Su sacrificio nos hizo este gran regalo. Al conocer lo que Dios ha hecho en mi vida, incluyendo lo que estoy escribiendo para tu edificación personal, he reconocido que ha sido por Su gracia.

Como Dios dice en esta palabra, Su gracia se mantendrá en toda situación que enfrentes. Sin Dios no podemos lograr todo lo que nos hemos propuesto en nuestro caminar con Él; pues podemos caer en el engaño del orgullo. Si el apóstol Pablo decía que se bastaba en Su gracia, ¡qué más podemos decir tú y yo cuando la debilidad se presenta en nuestras vidas! Gracias a Dios por ese regalo inmerecido que lo seguimos recibiendo hoy con amor.

Mi Reflexión

Día 60

AUNQUE PEQUEÑA, SÍ ES FE

«—*Por la poca fe que tienen* —*les respondió*—. *Les aseguro que,
si tuvieran fe tan pequeña como un grano de mostaza, podrían
decirle a esta montaña: "Trasládate de aquí para allá",
y se trasladaría. Para ustedes nada sería imposible.*» Mateo 17: 20

Si lees el pasaje completo, en estos momentos se le acercó
a Jesús un padre con su hijo endemoniado. El mismo padre de
este joven lo llevó a sus discípulos y ellos no pudieron sanarle.
Al llegar a Jesús, reprendió al demonio y el hombre fue sanado
inmediatamente. Los discípulos le preguntaron a Jesús por qué
no pudieron hacer lo mismo, y Él les dijo que era por su poca fe.
A veces creemos que tenemos que tener una fe gigante, pero en
esta enseñanza Jesús habla de un grano de mostaza. Ahora mismo
quiero que busques un grano de mostaza y te asombrarás de lo
pequeño que es. Si tienes fe, aunque sea una fe pequeña, nuestro
Dios obrará un milagro, tal cual lo hizo en esta enseñanza.

Empieza hoy a declarar tu fe que nuestro Dios estará dispuesto
a hacer ese milagro que tanto anhelas. Deja de pensar que tu fe
no es nada, deja de compararla con otros y empieza a usar lo que
tienes porque Él se encargará de que crezca al máximo potencial de
tu credibilidad. Tu fe moverá la mano de Dios pues en Su Palabra
sí hay vida.

Mi Reflexión

Día 61

EL PERDÓN FUE MI CAMINO

«Pedro se acercó a Jesús y le preguntó: —Señor, ¿cuántas veces tengo que perdonar a mi hermano que peca contra mí? ¿Hasta siete veces? —No te digo que hasta siete veces, sino hasta setenta y siete veces —le contestó Jesús—.» Mateo 18:21-22

Al leer estos versos no podía creer que yo debía perdonar tanto. Al decir setenta veces siete significa perdonar todos los días. Por ahí se dice mucho que podemos perdonar, pero no olvidar; pero perdonar aquello que no entiendes o que es injusto, te moverá y te llevará a la cruz del calvario. ¿Qué hubiera pasado si aquel ladrón en la cruz no hubiera reconocido que necesitaba el perdón de su alma? Ahí mismo Jesús le demostró su corazón perdonador.

Su Palabra dice también referente al perdón: «Porque, si perdonan a otros sus ofensas, también los perdonará a ustedes su Padre celestial. 15 Pero, si no perdonan a otros sus ofensas, tampoco su Padre les perdonará a ustedes las suyas.»
(Mateo 6:14-15)

Este verso ha sido muy significativo para mí. Decidí perdonar, tener paz en mi alma y recibir la bendición del Padre, pues ese fue el camino que Él me ha llevado y el que me ha traído hasta donde estoy hoy. Si Él me perdonó, yo también lo haré por aquel que quizá no lo merece en el momento, pero al perdonar, yo recibo paz. Decide perdonar y ser libre. Vive en bendición y recibe la transformación del Padre.

Mi Reflexión

Día 62
PREFIERO NO HABLAR

«El que mucho habla, mucho yerra;
el que es sabio refrena su lengua.» Proverbios 10:19

Hablamos, hablamos y hablamos. A veces al hablar demasiado no dejamos el espacio para que los que están a nuestro alrededor nos entiendan. Hay un gran problema en la comunicación, por eso hay muchos malos entendidos entre nosotros. Hubo un momento muy significativo en la vida de Jesús donde quizá tú y yo hubiéramos hablado, pero Él prefirió no decir una sola palabra: fue el momento en que fue injuriado y maltratado.

Llegarán momentos, situaciones en que el mismo Dios te dirá que guardes silencio. Recordemos que pecamos grandemente cuando usamos palabras fuera de lugar o hablamos demasiado. Sé prudente cuando hables, para que los malos entendidos no lleguen a tu vida. Elige no hablar y esperar el entendimiento correcto. Que Dios te dé sabiduría y llegues a tener la misma virtud que tuvo nuestro Jesús al permanecer en silencio.

Mi Reflexión

Día 63
DEPÓSITOS

*«Por ese motivo padezco estos sufrimientos. Pero no me
avergüenzo, porque sé en quién he creído, y estoy seguro de que
tiene poder para guardar hasta aquel día lo que le he confiado.
Con fe y amor en Cristo Jesús, sigue el ejemplo de la sana doctrina
que de mí aprendiste. Con el poder del Espíritu Santo que vive en
nosotros, cuida la preciosa enseñanza que se te ha confiado.»*
2 Timoteo 1:12-14

En este verso, el apóstol Pablo le hablaba a un joven ministro
llamado Timoteo. Pablo le enseñó que guardara el depósito que ya
Dios le había dado. El depósito es un lugar destinado a contener
cosas para guardarlas o conservarlas. Es interesante que esto se
refiere a ese gran potencial que Dios tenía guardado para este
joven. Todo lo que entra en nuestro interior se deposita en nuestro
corazón, por eso debemos tener seguridad de que nuestro Dios es
poderoso para guardar nuestro depósito y cuidarlo.

Depositemos hoy el amor, confianza, paz y promesas s Dios,
entendiendo que ese depósito será lo que nos guiará para usarlo
en todo momento preciso. Este tiene que estar siempre guardado
pues nos preparará para el momento más significativo, que es Su
segunda venida. Guárdalo con mucho cuidado para cuando venga
los problemas, éxitos y los fracasos. Recuerda que ese depósito está
en ti por el poder del Espíritu Santo que habita en cada uno de
nosotros.

Mi Reflexión

Día 64
PREVALECER

«Uno solo puede ser vencido, pero dos pueden resistir.
¡La cuerda de tres hilos no se rompe fácilmente!»
Eclesiastés 4:12

Prevalecer significa mantenerse o continuar existiendo sin importar las situaciones que enfrentamos. Mucho hemos aprendido durante la pandemia de la COVID-19. Dios tenía un plan determinado para la familia y el mundo entero. Cuando pensabas que caminabas solo y que eras muy independiente, que no necesitabas compañía o ayuda, la vida nos encerró en nuestras propias casas. Todos tuvimos que cambiar nuestras rutinas diarias, inclusive nuestra manera de trabajar cambió, y la forma de llevar el sustento a nuestras familias también. aquí entra la posición de prevalecer, y en esta posición descubriste un lugar privilegiado.

Hay una cuerda de tres hilos que es el Padre, el Hijo y el Espíritu Santo que en nuestra vida espiritual no puede soltarse, es más fuerte de lo que imaginas, el cual amarra a tu familia en un solo sentir y unidad, según la nueva manera de vida, es la adaptación precisa para mantenerse y prevalecer. En este tiempo hemos aprendido que estar unidos como un equipo es la mejor manera de prevalecer.

Mi Reflexión

Día 65
RETOS

«Yo les he dicho estas cosas para que en mí hallen paz.
En este mundo afrontarán aflicciones, pero ¡anímense!
Yo he vencido al mundo.»
Juan 16:33

Martin Luther King fue un gran defensor de los derechos humanos y una vez dijo: «La medida del hombre no se mide en los momentos de tranquilidad y conveniencia, pero sí en los momentos de retos». No te sorprendas de los retos que vivimos, solo tienes que caminar cada día y podrás entender el aprendizaje. La Palabra del Señor dice para aquellos que le amamos, que le seguimos y que tenemos fe, que en el mundo tendremos aflicciones, pero que debemos confiar porque Jesús venció al mundo (Juan 16:33).

Hay algo muy importante que debemos recordar cuando enfrentamos retos: Él quiere que encontremos su paz. En los retos seremos confrontados en lo que realmente creemos. Recuerda algo: el Señor te mostrará Su gloria, Su paz y Su voluntad en lo que estemos enfrentando. Él ya venció al mundo, por eso nuestros retos van de la mano hacia el cumplimiento de Su voluntad; y siempre el final será victorioso.

Mi Reflexión

Día 66

TE GUARDARÁ

*«Ya que has guardado mi mandato de ser constante, yo por mi
parte te guardaré de la hora de tentación, que vendrá sobre el
mundo entero para poner a prueba a los que viven en la tierra.»*
Apocalipsis 3:10

Paciencia es la palabra quiere decir que la internalizas en
tu corazón, que la crees y esperas porque aceptas sus promesas.
Entonces Él te guardará, te conservará en el lugar para que no te
pierdas; pasarás la prueba que estás viviendo; los cambios en el
mundo pasarán sobre ti y no te harán daño. Llegó el momento de
probar tu fe, tu ánimo, paciencia y constancia para ver la gloria y
favor de Dios. Salmos 12:15 dice que Jehová es tu guardador, Jehová
es tu sombra a tu mano derecha. Créelo, Dios sabe lo que hace,
pues Él ama aquellos que han sido fieles y serán recompensados
hasta el final.

Deuteronomio 31:8 dice que el Señor mismo marchará al
frente de ti y estará contigo, nunca te dejará ni te abandonará,
no temas, ni te desanimes. Hay un ejército y Dios todopoderoso
está al frente. Él dirige y mantiene el paso frente a ti cuando estés
angustiado, triste y en incertidumbre. Comienza aclamar, adorar y
declarar que cada paso que des será con Él al frente. Aunque lo que
estés viviendo no sea tan agradable, el Espíritu Santo despertará
en ti al ejército de Dios. Grita, marcha y únete a Dios, porque cada
paso que des te quitará el temor.

Mi Reflexión

Día 67

MI BOCA HABLARÁ

«Mi boca hablará con sabiduría; mi corazón se expresará con inteligencia.» Salmos 49:3

En tiempos difíciles, siempre trato de hablar con sabiduría, mi espíritu y alma se han tratado de mantener así aunque ha habido momentos en que no lo he logrado pues lo que he hablado no ha estado de acuerdo a la sabiduría de Dios. Durante las pruebas he tenido que orar al Señor para que me dirija a hablar con sabiduría y con fe para mantener la calma y ver el resultado final. Nuestro Dios nos hace un llamado a hablar vida. Recordemos que a veces lo que estamos hablando o declarando no expresa sabiduría al que nos está escuchando. Cuando hablas vida ves cambios positivos, no solo en ti, sino en las demás personas. En Proverbios 18:21 dice que la muerte y la vida están en el poder de la lengua, y el que la ama comerá de sus frutos. Este verso va de la mano con esta verdad en Salmos 49: 3, que dice que el poder de la lengua tendrá un efecto negativo o positivo en lo que expresamos pues determinará cómo estamos viviendo en nuestra vida cristiana y cómo está nuestro corazón. Lo que sale de nuestra boca es lo que hará que tengamos un corazón sano y amable para con los demás. Los frutos que salen de nuestra boca serán aquellos que comes.

Dios nos está llamando a usar la inteligencia que nos ha dado para expresar con sabiduría lo que hablamos a aquellos que nos están escuchando. Nuestras palabras sanas y amables nos enseñarán que la vida tiene preciosos momentos donde debemos demostrar el amor a los demás y la madurez recibida de parte de nuestro Dios.

Mi Reflexión

Día 68

UN ACTO DE SERVICIO

«Cuando llegó a Simón Pedro, este le dijo: —¿Y tú, Señor, me vas a lavar los pies a mí? —Ahora no entiendes lo que estoy haciendo —le respondió Jesús—, pero lo entenderás más tarde.» Juan 13:6-7

Si entendieras con más profundidad lo que haces para Dios y los demás serías un cristiano más feliz. En esta lectura, Jesús lavó los pies de sus discípulos, no fueron pies perfectos, al contrario, llenos de polvo, sucios, con heridas abiertas pues caminaban en terrenos áridos y llenos de piedras; pero a Jesús no le costó nada hacer este lavado de los pies a sus discípulos porque fue un acto de servicio. Entiendo que fue un acto de humildad que quiso enseñar a sus discípulos, el cual sigue haciendo en nuestra vida diaria. Siempre habrá alguien como Pedro que no aceptará que hagas algo por esa persona pues no entiende la bendición que recibirá al aceptarlo. Abre tu corazón al servicio pues edificarás tu vida y la de otros; haz actos de humildad basándose en el amor a Dios y Su enseñanza.

Cuando hay alguien enfermo, yo hago una rica sopas de pollo pues sé que serán de ánimo y sanidad. No me cuesta nada hacerla y mi corazón se regocija. La grandeza de hacer un acto de servicio a otros te posicionará en un lugar privilegiado primero ante Dios y los demás. Jesús demostró que no hay límites, pues se arrodilló y demostró la importancia de su humildad y amor. Un acto de servicio tan valioso como el que el hizo Jesús nos enseña que el servir a otros va más allá de nuestra comprensión humana. No sé en que área de servicio o en qué momento has servido a otros, pero será lo más hermoso y significativo para tu vida con Dios.

Mi Reflexión

Día 69

SER EMPÁTICO

«Así que en todo traten ustedes a los demás tal y como quieren que
ellos los traten a ustedes. De hecho, esto es la ley y los profetas.»
Mateo 7:12

Cuando se habla de empatía se hace referencia a la habilidad de entender y compartir los sentimientos y las experiencias de las demás personas. Es imaginarte en la misma posición de la otra persona, y amándole de una manera más profunda. Es increíble imaginar todo lo que Jesús hizo por la humanidad y el rechazo que enfrentó; y así nos enseñó que hiciéramos todo lo mejor por ser de bendición a los demás. En muchas ocasiones, Jesús se acercaba a las personas que la misma sociedad judía marginaba por enfermedades horribles, por pobreza y porque fueron consideradas impuros por el pecado. Pero Él nunca los dejó en abandono, sino que sintió lo que ellos sufrían. Por eso ellos siempre le buscaban, porque en Él vieron la compasión.

Hace un tiempo atrás estuve ayudando a una gran amiga de mayor edad que padece de ceguera. Siempre hice todo lo posible por hacerla sentir bien y que mi compañía fuera agradable, y proveerle mi ayuda incondicional sin pedirle nada a cambio; hacerlo no solo enriqueció mi vida, sino que la de ella también. Si quieres ser tratado con respeto y valorado, empieza a tratar a los demás como te gustaría que te traten a ti. Esta es la regla de oro que no ha cambiado hasta el día de hoy. Si lo haces, recibirás la bendición del Padre.

Mi Reflexión

Día 70

A PESAR DE

«Ciertamente olvidarás tus pesares,
o los recordarás como el agua que pasó.»
Job 11:16

Job perdió no solo su salud con una terrible enfermedad, sino también a su familia y sus posesiones; esto que vivió fue permitido por Dios mismo para demostrarle y enseñarle mucho de la grandeza y Su misericordia. Hasta sus amigos no pudieron entenderlo. Su propia esposa le dijo que se olvidara de su Dios; sin embargo, a pesar de su sufrimiento, conoció más íntimamente a Dios. Hay momentos en que Dios confrontará tus pensamientos para recordarte que lo que has vivido o tengas que enfrentar. Dios te dice que a pesar de lo que suceda, verás Su mano obrar, su poder infinito hará el milagro; saldrán de ti talentos escondidos y recordarás el agua que corre como una fuente pasará sobre ellos y no recordarás tus tristezas, pues esa agua limpiará el camino para seguir adelante.

Tus propios problemas y dificultades serán una enseñanza que te harán crecer a pesar de. Dios quiere recordarte hoy que a pesar de todo el sufrimiento que has vivido, Él mismo te levantará a lograr todas tus metas, sueños y te demostrará quien es Él en tu vida. A pesar de lo que pase, no dejes de luchar y abraza Sus infinitas promesas.

Mi Reflexión

Día 71
LÁGRIMAS

«Jesús lloró.»
Juan 11:35

Cuando Jesús supo de la muerte de su amigo Lázaro demostró lo vulnerable y sensible de su gran corazón. Las hermanas Marta y María estaban sufriendo la pérdida de su amado hermano; sin embargo, Jesús no llegó a tiempo donde estaba su amigo enfermo. Este verso, el más corto de la Biblia, tuvo un significado muy especial en esta historia porque muestra la gran humanidad de un Jesús sensible que sintió el dolor de sus amigas, pues María se había tirado a sus pies llorando, y eso conmovió el corazón de Jesús. Todos en esta vida hemos llorado en los momentos más difíciles y en las pérdidas más significativas; pero ese llanto, como dice Salmos 56:8, está escrito en el libro de Su corazón para darnos el consuelo que necesitamos.

En el mundo que vivimos el sufrimiento será parte de nuestra vida, pero no olvidemos que ninguna de esas lágrimas serán perdidas, pues hay una vasija en las manos de Dios donde serán recogidas. Jesús entiende nuestro llanto pues Él también lloró, y nos dará la mayor victoria y consuelo. Cada lágrima derramada no se ha perdido pues en Su libro está escrito en memoria de lo valientes que hemos sido.

Mi Reflexión

Día 72
LA MÁSCARA

«Gloria de Dios es ocultar un asunto,
y gloria de los reyes el investigarlo.»
Proverbios 25:2

Me puse a pensar cómo han cambiado los tiempos. nací en el 1960, y las temporadas de mi vida han cambiado a través de los años. jamás me hubiera imaginado que hoy tendremos que vivir usando una máscara para protegernos de un virus que llegó inesperadamente y nos sorprendió por su alto grado de contagio y propagación mundial. El mundo entero comenzó a fabricarlas de todos los materiales y diseños; se volvieron parte de nuestra moda, vestuario y de nuestro diario vivir.

Pero hay que verlo de una manera espiritual.

Hay una máscara que nuestro Dios quiere remover de nuestras vidas y es la del pecado oculto, del dolor, de la falta de perdón, del vivir confundidos por la vida. Es tiempo de reconocer que hemos caminado con máscaras por algunos años, ocultando la condición de nuestra alma. Nuestro Dios sabe y conoce la condición de tu corazón, y quiere que su Espíritu Santo sea esa nueva máscara que cambiará la persona que eres y serás trasformado por el Espíritu Santo. Esa nueva máscara te protegerá de cualquier virus que quiera contaminarte y enferme tu vida espiritual y tu alma. La máscara del Espíritu Santo te está esperando para cubrirte con Su gran amor y verdad absoluta; y con esta máscara estarás feliz porque se pagó un gran precio en la cruz del calvario por ella.

Mi Reflexión

Día 73
RESUCITA

«—¿Por qué buscan ustedes entre los muertos al que vive?»
Lucas 24:5b

Cuando recibes una buena noticia, es lo mejor que te puede suceder; tu sonrisa se deja ver, celebras con alegría, la compartes a otros porque estabas esperando algo y quizá sea muy importante para ti. Como creyentes en la fe, la noticia más valiosa y más esperada es que nuestro Jesús resucitó y está sentado a la diestra del Padre. Él conoce cada petición y la contestará según sea Su voluntad. Hoy el mismo Jesús resucita lo que estaba muerto, pues en Lucas 20:38 dice que Él es el Dios de vivos y no de muertos. Él sigue resucitando familias que necesitaban ser restauradas pues estaban muertas divididas por problemas. También ha resucitado en muchas conductas como gozo, paz y sanidad interior y física; volvió a la vida a muchas personas que habían muerto por pecados escondidos en sus vidas. Él vive y está a tu lado, y no se cansará de resucitar todo lo muerto que ha querido mantenerse en ti. Recuerda que Él resucitará en ti todo aquello que algún día creíste muerto. Dios te dice hoy: «Bienvenido de nuevo a la vida».

Mi Reflexión

Día 74

UN ENEMIGO COMÚN

«Así que sométanse a Dios. Resistan al diablo,
y él huirá de ustedes.»
Santiago 4:7

Aunque quizá ya te has cuenta, desde que comenzó la pandemia de la COVID-19, para el pueblo cristiano hubo una lucha entre la fe y vivir la realidad existente. El enemigo empezó a confundir a muchos con el miedo e inseguridad, tergiversando la verdad del evangelio y la seguridad física de todos. Es importante entender que nuestra vida está escondida en Dios. No es de sorprendernos que esta pandemia se sumó a las artimañas del enemigo de nuestra vida espiritual. Dios quiere recordarnos que nuestra lucha puede ser parte de no someternos a Él en algunos aspectos de nuestra vida. Si no nos sometemos o entregamos nuestra falta de fe a nuestro Dios, cuando nos sorprende una situación, llegará el miedo y ese miedo no nos dejará vivir en la plenitud de la paz de Dios.

Ya es tiempo de que resistamos al diablo, lo cual quiere decir oponernos a cualquier pensamiento y actitud contraria a la Palabra de Dios. Aunque ese enemigo existe, nuestro Dios no se compara porque es poderoso para derribar todo argumento que se levante en contra de Su conocimiento y verdad absoluta. Comienza hoy a creer que nada te dañará, pues tan pronto lo creas firmemente, el diablo saldrá huyendo. La victoria sí está en Dios.

Mi Reflexión

Día 75

CUANDO DIOS ACOMODA LAS COSAS

«El Señor dice: "Yo te instruiré, yo te mostraré el camino que debes seguir; yo te daré consejos y velaré por ti.»
Salmos 32:8

Cuando acomodamos algo en nuestra casa es porque nos cansamos de ver lo mismo todos los días y queremos verlo mejor y arreglado. Si pudiéramos, reconstruiríamos una casa completa solo con tal de verla diferente, pues así somos las amas de casa. Cuando Dios acomoda algo en tu vida es porque sabe que has estado desorganizado y quiere acomodarlo para que vuelvas de nuevo a enfocarte y al camino correcto. Es importante que tu espíritu esté conectado con Él para que no te tome por sorpresa, pues de alguna manera, Él captara tu atención, ¡ya lo verás! Los planes y propósitos de Dios no solo son perfectos, sino que también se cumplen, solo tenemos que entender que su enseñanza siempre será para acomodar de nuevo tu corazón con el de Él.

Un corazón desorganizado reflejara confusión, falta de fe, inseguridad hasta en la toma de decisiones importantes. Como dice esta palabra, los ojos de Dios están puestos en ti, pero también acomodará tu mirada a la dirección correcta para que no te pierdas Sus enseñanzas que serán para favorecerte en todo lo que quedó en desorden. Él cambia tus planes para estar cerca de ti, y cuando todo esté acomodado te sientas en paz, tranquilo en Su presencia y recibiendo Su consejo. Si estás percibiendo que Él está moviendo algo en tu vida, recuera es para acomodarlo a Su voluntad perfecta. Por favor, déjalo ser Dios y confía en Él.

Mi Reflexión

Día 76

REACCIONEMOS CORRECTAMENTE

«Vendrán y cantarán jubilosos en las alturas de Sión; disfrutarán de las bondades del Señor: el trigo, el vino nuevo y el aceite, las crías de las ovejas y las vacas. Serán como un jardín bien regado, y no volverán a desmayar. Entonces las jóvenes danzarán con alegría, y los jóvenes junto con los ancianos. Convertiré su duelo en gozo, y los consolaré; transformaré su dolor en alegría.»
Jeremías 31:12-13

Cuando reaccionamos correctamente en cualquier situación que enfrentamos —sea buena o no tan buena— estamos demostrando como creyentes que amamos todo lo que Dios ha hecho en nuestra vida y siempre lo recordamos. Disfrutar lo recibido de parte de Él nos llevará al enfoque correcto en la culminación de esa victoria recibida. Es de gran enseñanza para nosotros cómo el pueblo de Israel celebraba las victorias y promesas recibidas de parte de Dios. ¡Es tiempo de celebrar con gozo, con júbilo y danza cuando nuestro Dios nos contesta y provee en nuestra vida lo que nos ha prometido! No hay nada más importante que siempre trabajar nuestra actitud en lo que recibimos de parte de Dios y aquello que todavía no tenemos.

Reaccionar correctamente implica darle toda la gloria y honra a Dios, y esa actitud positiva te llevará a recoger frutos esperados. No te olvides que también Dios pondrá un cántico nuevo de alabanza que se escuchará hasta en los cielos. Es tiempo de que el mundo entero vea en ti una reacción correcta, para que reconozcan cómo Él te ha cambiado. Recordemos que nuestro Dios es bueno, y el mundo lo reconocerá mirándote a ti.

Mi Reflexión

Día 77

DE QUÉ VALE QUEJARTE

«Háganlo todo sin quejas ni contiendas, para que sean intachables y puros, hijos de Dios sin culpa en medio de una generación torcida y depravada. En ella ustedes brillan como estrellas en el firmamento.» Filipenses 2:14-15

La queja no es otra cosa que la inconformidad. Si te pusieras en el lugar de otros, entenderías que tienes más de lo que te imaginas. La queja te roba la paz, porque impide que veas a Dios e inclusive te llena de amargura. Libérate de la culpa de una vez por todas; quejarte de un pasado que ya Dios limpió no te dejará desarrollarte o entender el plan de Dios ya escribió para tu vida. Es tiempo de ver las grandezas de Dios a tu alrededor, porque eres separado de una generación torcida. Abre tu boca con sabiduría y Él la llenará con Su bondad, como dice Proverbios 31:26. De ahora en adelante, haz una promesa de hablar con entendimiento y sabiduría; y aunque pases por situaciones difíciles que te quiten la paz, no te quejes y agradece a Dios, ora confiando que esa situación cambiará a tu favor y lograrás ver Su mano obrando en tu vida. Pon el valor que tu comportamiento y palabras merecen. Hoy despídete de la queja.

Mi Reflexión

Día 78

LO QUE SIEMBRAS ESO COSECHARÁS

«No se engañen: de Dios nadie se burla.
Cada uno cosecha lo que siembra.» Gálatas 6:7

Tengo que admitir que nunca he sido buena para la siembra, ha habido momentos que he sembrado una planta, he usado la mejor tierra, he seguido todas las instrucciones, y al pasar unos días he visto que esa planta no ha progresado. En nuestro comportamiento diario, hay una siembra que es importante para el Dios que amamos y nuestra vida espiritual.

¿Qué es lo que estamos sembrando? Es una pregunta que nos la tenemos que hacer a diario. Este es un principio espiritual que nunca cambiara y es como una ley establecida. Un agricultor siembra arroz y cosechará arroz; por eso es importante qué estamos sembrando. Las consecuencias de lo que hacemos y decimos serán realidad al recoger la cosecha. Si estás sembrando amor entonces, cosecharás amor en abundancia; si estás sembrando paz y unidad, entonces cosecharás paz y unión en tu familia y en todo. Ahora bien, si cosechas odio, desigualdad, división, entonces te encontrarás en un entorno hostil lleno de soledad y enemistad. Sembrar implica moverte a hacer algo que impacte a Dios y a aquellos que te rodean; si no lo haces, entonces no recibirás la buena cosecha que Dios tiene para ti. Nuestro Dios conoce todas tus acciones y motivaciones relacionado con la ley de la siembra y cosecha. Te exhorto a que desde hoy comiences a sembrar la buena semilla que será la que te dará el fruto y el crecimiento; con la buena Palabra de Dios serás de testimonio a muchos. Te recuerdo toda intención será revelada ante los ojos de Dios. Si te cansaste de sembrar, hoy llegó el tiempo de sembrar y recoger cosecha de frutos buenos y apacibles.

Mi Reflexión

Día 79

EL PRINCIPIO DE LA HONRA

«Por lo tanto —dice el Señor—, de ninguna manera permitiré que tus parientes me sirvan, aun cuando yo había prometido que toda tu familia, tanto tus antepasados como tus descendientes, me servirían siempre. Yo, el Señor, Dios de Israel, lo afirmo. Yo honro a los que me honran, y humillo a los que me desprecian.»
1 Samuel 2:30

Cuando hablamos de principios hablamos de enseñanzas que denotan seriedad en la persona y cómo se conduce ante los demás. Esto significa que un principio es un conjunto de valores, creencias y normas que se manifiestan en nuestra forma de pensar y conducirnos. En una ocasión, Jesús se sentó en la mesa de Simón, a quien Él había sanado de lepra en Betania, cuando una mujer a quien se la llamó pecadora, se tendió a sus pies y en su mano tenía un frasco de alabastro, perfume exquisito y cuyo valor equivalía a un año de trabajo. Es difícil para alguien hoy en día deshacerse de todo un año de trabajo; esa es una acción que para otros sería un desperdicio. Sin embargo, esta mujer lloró, lavó sus pies, los secó con sus cabellos y derramó ese valioso aceite perfumado sobre su cabeza. Ella honró a Jesús y también lo preparó para el acontecimiento después de Su muerte. La actitud de Jesús ante este acto de honra fue de aceptación; al permitirle y alabarla por hacerlo, demostró que Él valora la honra de un corazón agradecido. Si lees este pasaje en Marcos 14:4-5 encontrarás que no todos estuvieron de acuerdo, pues consideraron que ese valioso perfume era muy caro y sería una pérdida. El mismo Jesús les hizo entender que lo que ella había hecho sería recordado para su memoria, y sabemos que este acto de honra se recuerda hasta hoy.

La honra tiene su recompensa de parte de Dios y tiene el poder de mejorar mucho tu vida. Cuando sigues este principio implica estima, obediencia, respeto, admiración y que recibirás retribución en gran manera. No sé lo que Dios hará, pero te aseguro si honras, serás honrado de igual manera.

Mi Reflexión

Día 80
YO HARÉ COSA NUEVA

«¡Voy a hacer algo nuevo! Ya está sucediendo,
¿no se dan cuenta? Estoy abriendo un camino en el desierto,
y ríos en lugares desolados.» Isaías 43:19

¿Has escuchado ese refrán que dice: «No hay peor ciego que el que no quiere ver»? Hay momentos en que estamos ciegos, no vemos lo que nuestro Dios está haciendo en nuestras vidas o a nuestro alrededor, pues ponemos nuestro enfoque en las situaciones difíciles de la vida. Sin embargo, en esta palabra, Dios te está confirmando que lo que está haciendo en nuestras vidas: es esa transformación esperada, ese cambio en tu familia, esa oración contestada. ¡Él te está diciendo que ya está sucediendo, es ahora!. Quizá estás tomando café, sentado en una cita médica, esperando un diagnóstico, hablando un asunto primordial, en un encuentro con alguien importante en tu vida o esperando esa respuesta de parte del Padre. ¡Aquí Dios te está diciendo que ya está sucediendo! Ojalá sientas el Espíritu Santo de Dios hablando a tu corazón. Cuando Él lo hace, te renueva, limpia y prepara para ese nuevo comienzo en tu vida. Todos los días son una nueva oportunidad de vivir, mejorar y experimentar lo nuevo.

Él quiere que toda tu atención esté en Él. Sus caminos son diferentes a los nuestros, así que, con toda Su sabiduría, Dios abre, limpia todas las piedras y hace surcos limpios para que no tropieces ni caigas. Esta palabra profética hacia un pueblo infiel fue como un refrigerio de un amor único de parte de un Dios maravilloso que siempre cuidó sus pasos. Yo declaro hoy que tus ríos secos vuelven a recibir agua de vida para que recibas un fluir nuevo de Su presencia y todo lo nuevo que ya está escrito para ti. ¡Recíbelo! Esta palabra es para ti.

Mi Reflexión

Día 81

CUANDO EL FRUTO SE EXPRIME DEMASIADO

«En cambio, el fruto del Espíritu es amor, alegría, paz, paciencia, amabilidad, bondad, fidelidad.» Gálatas 5:22

No hay nada más delicioso que un jugo natural con frutas frescas; es refrescante y sabe delicioso; sacado del extractor de jugos no se pierde ni un zumo de la fruta. Hace poco en una conversación con una amiga muy especial, comentamos que nuestro Dios exprime los frutos hasta sacar lo mejor de nosotros para llegar a ser como Él quiere; nada se esconde de Él ya que sabe todo acerca de nosotros. Él nos entrena por medio de pruebas y situaciones para que seamos creyentes dignos de dar frutos de abundancia y promover el crecimiento espiritual.

En mi caso el fruto que más ha sido exprimido ha sido el de la paciencia. He tenido que aprender a través de los años que tengo que ponerle acción a ese fruto para ver paciencia en todas las áreas de mi vida. ¿Si me ha dolido? ¡Sí! ¿Si me ha hecho llorar? ¡Sí! Me ha hecho entender que lo único que tengo que entender es que con paciencia veré Su gloria sobre mi vida. Así que, como yo, tu fruto será exprimido hasta lo último de su jugo para que entiendas que el proceso con nuestro Dios será firme, pero lleno de amor y misericordia. Sea demasiado o poco, este proceso del fruto logrará el plan ya trazado para ti. Recuerda que el fruto del Espíritu Santo será trabajado en tu vida de acuerdo con la entrega que tengas con Él y la confianza de conocerle íntimamente. ¿Cuál es el fruto que nuestro Dios tiene que exprimir con más fuerza en tu vida? ¿Él tiene tu vida y carácter en Sus manos?

Mi Reflexión

Día 82

SOMOS UNA OBRA EN CONSTRUCCIÓN

«Estoy convencido de esto: el que comenzó tan buena obra en ustedes la irá perfeccionando hasta el día de Cristo Jesús.»
Filipenses 1:6

La construcción de un edificio puede durar meses o hasta años, depende de los planos, gráfica y diseño. Hay contracciones comerciales, industriales, de vivienda y todo tipo; y los materiales más comunes son el hormigón, acero, madera, piedra y ladrillo. La obra más maravillosa que en las manos del Señor se ha hecho ha sido nosotros como creación. Hemos sido hechos con una perfección única. Esa obra que Dios comenzó, continúa cada día, ya que se está construyendo algo nuevo en nosotros. ¿Te has preguntado en que etapa de construcción estás?

Cuando Pablo escribió a la iglesia en Filipos sabía que su vida estaba cerca del final. É estaba preso y encadenado, y tuvo a bien escribirles y animarlos con estas palabras. Su convencimiento se basó en que aunque sea poco el tiempo, había siempre la esperanza de saber que él haría el trabajo necesario hasta el final. Nos cansamos, nos agotamos y decaemos, pero el trabajo de Dios en ti y en mi se completará perfecto en ese día glorioso en que ya estemos juntos con Él. Mientras tanto si el comenzó esa buena obra, debemos aferrarnos a seguir luchando, creyendo que nuestra construcción, aunque tarde, terminará perfecta y hermosa por Sus manos. Recuerda, si le diste tu corazón, Él ya comenzó.

Mi Reflexión

Día 83
INFLUENCIA

«Puso en mis labios un cántico nuevo, un himno de alabanzas a nuestro Dios. Al ver esto, muchos tuvieron miedo y pusieron su confianza en el Señor.» Salmos 40:3

Cuando hablamos de influencia es el poder de una persona o de una cosa para determinar o alterar la forma de pensar o de actuar de alguien. Es importante entender que Dios nos está llamando a ser mujeres y hombres de influencia. Cuando conoces a alguien por primera vez, no se si te ha pasado que después de hablar quieras volverla a ver. Lo que está pasando es que algo en esa persona impactó tu vida y sus enseñanzas llegaron a tu corazón. Uno de los más grandes influyentes es nuestro Jesús. Donde quiera que caminase, cambiaba la manera de pensar de muchos, pues traía un mensaje que cambiaba la vida y el corazón de los que lo escuchaban. Por eso lo seguían a donde quiera que Él se dirigía. Es importante entender que nos encontraremos en esta vida gente que no son de buena influencia; pero Dios te está diciendo acércate a aquel que tiene una influencia positiva para tu vida. En la Biblia hay muchísimos ejemplos, y yo me acordé de una y esa fue Dorcas, una mujer generosa, compasiva, cariñosa que buscaba el bien de los demás no solo con su labor como costurera, sino con su carácter apacible y amable. Por eso fue resucitada de la muerte por Pedro, pues la influencia que ella ejercía hacía que todo a su alrededor le valiera esta nueva oportunidad de vida (Hechos 9:36-42).

Es importante allí donde estás y para aquellos que te conocen, pues al verte transformado por Dios mismo, entonces muchos confiarán en ti y en el Dios a quien les estás presentando. Sé de influencia y verás muchos cambios en aquellos que quizás pensaste que nunca cambiarían. ¿Eres de influencia?

Mi Reflexión

Día 84

SUS OJOS ESTÁN PUESTOS EN TI

«El Señor dice: "Yo te instruiré, yo te mostraré el camino que debes seguir; yo te daré consejos y velaré por ti".»
Salmos 32:8

Cuando Dios nos da una promesa es porque sabe que en algún momento de nuestra vida necesitaremos para reafirmar nuestra confianza en Él. Creo en las promesas de Dios pues al leerlas y entenderlas me confirma el cuidado hacia mí. De acuerdo con Salmos 32:8, Dios nos acompaña de manera activa. Primero te da el entendimiento y la enseñanza para que sepas dónde estás parado, pues no quiere que pierdas su confianza en Él. Después de la enseñanza, Él mismo te muestra el camino correcto a seguir. En muchas ocasiones nos hemos encontrados perdidos en el caminar con Dios, la vida y en lo que queremos lograr. Por eso Él quiere enseñarte el camino correcto para tu vida. Ahora viene lo más importante: Él se dará el tiempo de sentarse y meditar contigo y hacer juntos el plan adecuado para tu vida y propósito.

Cuando hablamos de que Dios va a velar por ti quiere decir que el tendrá sus ojos sobre ti de tal manera que su mirada no se apartará de ti. Te exhorto a que nunca olvides que Sus ojos siempre están mirando tu caminar con él y nunca se han alejado de tu lado.

Mi Reflexión

Día 85

ME DESPIDO DE LA ESPERA PARA AVANZAR

«Pon tu esperanza en el Señor; ten valor, cobra ánimo;
¡pon tu esperanza en el Señor!» Salmos 27:14

A veces despedirte de algo que has atesorado por muchos años, sea material o físico, no es fácil; pero llegará el momento que oportunidades llegaran y no podrás rechazarlas. Hablamos de temporadas que se terminan para comenzar otras nuevas, en donde reconoces si todo lo que aportaste tuvo el valor, el crecimiento y la enseñanza que preparará para lo nuevo que Dios tiene para ti.

El ministerio de la adoración y alabanza en la cual estuve involucrada por muchos años, fue lo que Dios usó para sanarme en los momentos más dolorosos de mi vida y hacer de mí una mujer con fuerzas y determinación. Adorar a Dios me llevó a conocerle más íntimamente, usando el talento de mi voz. Que la fidelidad a lo que Él pone en tus manos para Su gloria y para bendecir a otros sea la principal motivación para tu crecimiento en Él. Ser fiel a lo que Él pone en tus manos te llevará a avanzar. Al llegar mi tiempo de avanzar pude entender que la oportunidad de hacer algo diferente había llegado. Escribir aquel pensamiento que Dios me ha dado para llegar a ti, es lo que Dios tenía ya preparado para que tu fueras bendecido por medio de esta lectura devocional. Josué fue un ejemplo de una despedida para avanzar hacia un liderazgo pues se despidió ante la muerte de Moisés para conducir al pueblo de Israel a la tierra prometida. Si has esperado por mucho tiempo, tu espera no ha sido en vano, pues llegarás al punto donde Dios te mostrará el tiempo de avanzar, lograr nuevas metas y propósitos. Esfuérzate y permite a tu corazón tener la esperanza para obtener y salir victorioso hacia la nueva encomienda que Dios ha puesto en tus manos. ¡Llego el tiempo de tu despedida!

Mi Reflexión

Día 86

YO RESTITUIRÉ

«Yo les compensaré a ustedes por los años en que todo lo devoró ese gran ejército de langostas   que envié contra ustedes: las grandes, las pequeñas, las larvas y las orugas. Ustedes comerán en abundancia, hasta saciarse, y alabarán el nombre del Señor su Dios, que hará maravillas por ustedes. ¡Nunca más será avergonzado mi pueblo!» Joel 2:25-26

Otra palabra para compensar es restitución. En estos tiempos que vivimos, nuestro Dios quiere restituir muchas cosas en tu vida, aquellas que las habías perdido por circunstancias de tiempos difíciles y alejamiento de Dios. Restituir significa devolución de una cosa a quien la tenía antes. Es un deber de conciencia que queda en quien se apropiado de lo que no es suyo. No sé lo que has perdido; quizá creas que nunca lo recuperarás, pero si le crees a Dios será totalmente diferente. Nuestro Dios nunca se olvida de aquello que perdiste, es como si lo tuviera guardado en un baúl para después traerlo de nuevo a ti con la llave para que tú mismo puedas abrirlo y puedas recuperarlos. El enemigo siempre ha querido robarnos las promesas y bendiciones que ya son nuestras.

En el caso de Job, por ejemplo, Dios le quitó su aflicción y le devolvió el doble de todo lo que había perdido (Job 42:10). Hoy Dios te dice que ha comenzado el tiempo para tu vida de restitución. Él te devolverá la salud, las finanzas, tu trabajo, tu matrimonio, tu felicidad y muchas cosas más. Solo requiere que le creas totalmente a Él, pues jamás te avergonzará. Llegó el tiempo de que Dios te devuelva lo que el enemigo te ha robado, pues Él se encargará de quitárselo y te lo devolverá doble.

Mi Reflexión

Día 87

DEL ANONIMATO AL PROPÓSITO DE DIOS

«Pues bien dile a mi siervo David que así dice el "Señor Todopoderoso" yo te saqué del redil para que en vez de cuidar ovejas gobernaras a mi Pueblo Israel.» 2 Samuel 7:8

Unos de los mayores ejemplos en la Palabra de Dios es la vida de David y cómo Dios le cambió la vida de un momento a otro. Dios mismo lo sacó del anonimato y llego a ser rey de Israel. Al leer su historia, sorprende que su vida a pesar de no ser perfecta y haber cometido pecados, fue llamado por el mismo Dios como el hombre conforme a su corazón (1 Samuel 13:14). Somos privilegiados cuando nuestro Dios nos saca de nuestra comodidad para darnos un propósito y un lugar privilegiado.

El propósito de Dios es equiparte con todo lo que necesitas para que seas de bendición a otros y cumplas el llamado que Él te ha dado. Si has pensado que el anonimato es tu estado natural, hoy te digo que estás totalmente equivocado. La Palabra del Señor dice en Juan 15:16: «No me escogieron ustedes a mí, sino que yo los escogí a ustedes y los comisioné para que vayan y den frutos un fruto que perdure. Así el Padre les dará todo lo que pidan en mi nombre.» Si crees y confías que Él te escogió, te exhorto a creer que Él te sacará del anonimato donde te encuentras. Quizá estés en una posición que no te gusta, y estás frustrado, no ves salida, pero tu tiempo sí llegará. No te olvides que te escogió, te puso un nombre nuevo para que disfrutes de la vida donde Dios te llevará a ser el mejor servidor de Su reino.

Mi Reflexión

Día 88

EL PODER DE LA GRATITUD

«Y todo lo que hagan de palabras o de obra háganlo en el nombre del Señor Jesús, dando gracias a Dios el Padre por medio de él.» Colosenses 3:17

La gratitud no es más que el agradecimiento o reconocimiento de un favor o beneficio que se nos ha hecho. Dar gracias a Dios en todo en nuestra vida cristiana hará que nuestra actitud hacia todo lo que recibimos sea una adoración a Dios. En la palabra nos damos cuenta de que es una acción de gracias o sea cuando entendemos esta verdad hacemos de la gratitud un estilo de vida. Al reflexionar sobre esto me doy cuenta de que en momentos de nuestra vida en que somos malagradecidos pues no apreciamos lo que tenemos. En Lucas 17: 11-19 dice que Jesús en su viaje a Jerusalén, mientras pasaba por Samaria y Galilea, salieron a su encuentro diez leprosos, que con fuerza y determinación le gritaron: «Ten compasión de nosotros». Él solo les dijo que se presentaran a los sacerdotes; ¡cuán impactante fue que ellos fueron sanados mientras iban por el camino! Me los imagino abrazándose unos a los otros con gran asombro; pero hubo uno que al verse sano regresó alabando a Dios a grandes voces. Su rostro cayó a los pies de Jesús y le dio las gracias. Es bueno recordarte que este hombre no era judío: era un extranjero Samaria, un pueblo enemigo de ellos.

Piensa en esto: ¿En qué grupo prefieres estar: en los que Dios siempre hace algo y no lo agradecen o en aquellos que sí le agradecen a Dios? Hay poder en dar gracias en todo aquello que Dios nos da y en todo lo que tenemos. De ahora en adelante, sea de palabra o lo que hagas, agradécele a Dios con todo tu corazón y Su poder se manifestara en todo lo que le pidas. Amén.

Mi Reflexión

Día 89

LA AMISTAD ES COMO UN TESORO

«En todo tiempo ama a el amigo para ayudar en la adversidad nació el hermano.» Proverbios 17:17

He sido grandemente bendecida con tener amigas que me han enseñado y capacitado para ser la mujer que soy hoy, ellas nunca me han dejado ni en los momentos difíciles de la vida. Cuando era niña era muy importante para mí tener una amiga y compartir con ella. La amistad es la parte primordial de nuestra vida cristiana con Dios. En nuestras iglesias es lo más que se cultiva. El propósito de tener amistades es entendernos, respetarnos en la capacidad de cada cual. Jamás un amigo hará que tu amistad se pierda, si realmente la cuida. Jesús fue un gran amigo, Él siempre se sentaba a escuchar aquel que lo necesitaba. Vemos el ejemplo en el evangelio de Juan, donde Juan fue llamado «El discípulo amado». Pero no podemos olvidar que con Marta, Lázaro y María había un vinculo tan especial de amistad (Juan 11: 1-23).

Soy fiel creyente en que la amistad es como un tesoro que encuentras inesperadamente, y encuentras piedras preciosas de gran valor. Entiende que la amistad siempre será parte de tu vida y que nuestro Dios quiere que la aprecies, la cuides y aprendas a tenerla en gran estima. Poner todo el esfuerzo para mantener y cultivar una amistad sana te hará saber que al final de todo tú también serás bendecido y verás frutos en abundancia. Gracias a Dios por la amistad.

Mi Reflexión

Día 90

LA DEPRESIÓN FUE PARTE DE MI VIDA

«¿Por qué voy a inquietarme? ¿Por qué me voy a angustiar? En Dios pondré mi esperanza y todavía lo alabaré. ¡Él es mi Salvador y mi Dios!» Salmos 42:5

La depresión es una enfermedad mental. Según la Organización Mundial de la Salud (OMS), se estima que afecta a un 3.8 % de la población mundial, incluidos un 5 % de los adultos y un 5.7 % de los adultos mayores de 60 años. Eso significa que aproximadamente 280 millones de personas la padecen. Yo misma he sido parte de esta terrible enfermedad mental; inclusive sufrí de depresión post-parto. Desde mi niñez me apartada de mi familia para estar sola; y la música calmaba esos momentos de inquietud. En muchos momentos de mi vida en la adultez tuve que batallar contra ella, y entender que sí la padecía.

Con la ayuda profesional correspondiente y terapias de conducta, pude aprender a trabajar mis estados de ánimo, decaimientos, miedos y ansiedad para hacer la mujer que soy hoy en día. Tener un encuentro con nuestro Dios y conocerle marcó mi vida: me devolvió la esperanza de vivir. Una alabanza fue marcando un territorio y camino de restauración para verme a mí misma en gozo y actitud positiva. El mejor instrumento fue la lectura de la Palabra de Dios; sus promesas hicieron que entendiera que cada día era una esperanza de levantarme de la obscuridad. Soy portavoz de esperanza para muchos para decirles que con Dios de la mano y la ayuda profesional se puede encontrar la sanidad interior y continuar viviendo una vida de fe, paz, armonía, integridad, gozo y respeto para llegar a ser de influencia en la sociedad que vivimos. Espera con paciencia, pues seguirás alabándole pues Él cuida de ti.

Un mensaje a tu corazón

Acerca de la autora

Carmen Hernández nació en Santurce, Puerto Rico. Tiene un bachillerato en teología de la *Academia Destiny University* en Texas; además obtuvo un grado asociado en educación de la primera infancia, y trabajó 14 años en ese campo. Se dedica a servir al Señor en la iglesia Revive, en su ciudad, donde se desempeña como coordinadora de estudios bíblicos para mujeres. Ella comenzó las cápsulas radiales Reflexiones de mi puño y letra, que son parte de la inspiración de este libro. Vive en Killeen, Texas, Estados Unidos, desde el 1998 con su esposo Néstor Vázquez, sus tres hijos y seis nietos. Es miembro destacado de la *Academia Güipil* de escritoras y líder de la *Comunidad Mujer Valiosa*.

Para más información y contacto escribe a:
Carmen Hernández
carmenpr13@yahoo.com
EditorialGuipil.com/Carmen

Made in the USA
Middletown, DE
04 November 2022

14133345R00110